中国古代遗址

徐 潜／主 编

张 克 崔博华／副主编

于 丹 李忠丽／编 著

吉林文史出版社

图书在版编目（CIP）数据

中国古代遗址／徐潜主编.—长春：吉林文史出版
社，2013.4
ISBN 978-7-5472-1523-4

Ⅰ.①中… Ⅱ.①徐… Ⅲ.①文化遗址-名胜古
迹-中国-通俗读物 Ⅳ.①K928.72-49

中国版本图书馆 CIP 数据核字（2013）第 063763 号

中国古代遗址

ZHONGGUO GUDAI YIZHI

出 版 人	孙建军
主　　编	徐 潜
副主编	张 克 崔博华
责任编辑	崔博华 董 芳
装帧设计	昌信图文
出版发行	吉林文史出版社有限责任公司（长春市人民大街4646号）
	www.jlws.com.cn
印　　刷	三河市燕春印务有限公司
版　　次	2014 年 2 月第 1 版　2021 年 3 月第 3 次印刷
开　　本	720mm×1000mm　1/16
印　　张	12.5
字　　数	250 千
书　　号	ISBN 978-7-5472-1523-4
定　　价	33.80 元

序　言

　　民族的复兴离不开文化的繁荣，文化的繁荣离不开对既有文化传统的继承和普及。这套《中国文化知识文库》就是基于对中国文化传统的继承和普及而策划的。我们想通过这套图书把具有悠久历史和灿烂辉煌的中国文化展示出来，让具有初中以上文化水平的读者能够全面深入地了解中国的历史和文化，为我们今天振兴民族文化，创新当代文明树立自信心和责任感。

　　其实，中国文化与世界其他各民族的文化一样，都是一个庞大而复杂的"综合体"，是一种长期积淀的文明结晶。就像手心和手背一样，我们今天想要的和不想要的都交融在一起。我们想通过这套书，把那些文化中的闪光点凸现出来，为今天的社会主义精神文明建设提供有价值的营养。做好对传统文化的扬弃是每一个发展中的民族首先要正视的一个课题，我们希望这套文库能在这方面有所作为。

　　在这套以知识点为话题的图书中，我们力争做到图文并茂，介绍全面，语言通俗，雅俗共赏。让它可读、可赏、可藏、可赠。吉林文史出版社做书的准则是"使人崇高，使人聪明"，这也是我们做这套书所遵循的。做得不足之处，也请读者批评指正。

编　者

2012 年 12 月

目　录

西安半坡遗址

　　西安半坡遗址位于我国陕西省西安市东郊，在那里曾经有一个名叫半坡的村庄。村庄的北面是一片凸地，这片凸地面临浐河，南依白鹿原，再向南横亘着秦岭山脉。这里有茂密的树木、清澈的河水、肥沃的土地、适宜的气候，是一块人类定居的好地方。远在六七千年前，半坡人在这里依靠集体的力量和斗争的精神过着原始氏族公社的生活，并且创造了极其可贵的优秀文化。

一、仰韶文化

距今约 5000-7000 年，在黄河中游地区居住着勤劳的仰韶居民，他们在肥沃的黄土地上从事农耕、渔猎、驯养等生产和生活活动，逐步形成了母系氏族公社的繁荣阶段，创造了辉煌的史前文化，后人称为仰韶文化。而西安半坡遗址就是黄河流域规模最大、保存最完整的新石器时代仰韶文化母系氏族聚落遗址。

中国古代遗址

（一）仰韶文化遗址的调查

仰韶文化的发现和发掘与瑞典人安特生（1874-1960 年）有着密不可分的关系。1918 年，安特生在仰韶村从事采集动物化石的工作。1920 年，安特生派助手刘长山到仰韶村采集动物化石。在采集过程中，他看到农民家里有许多史前石器，就收集起来，同时又调查了石器出土的地点，并将 600 多件石器带回了地质调查所。安特生看到这些石器，认定这里可能是一处相当大的新石器时代遗址。1921 年 4 月 18 日，安特生亲自调查仰韶村，目的在于调查这里是否真有新石器时代遗址的存在。在调查的过程中，他在村南的冲沟断面上发现有灰层、灰坑和陶片的堆积，在下层还发现了一些精美的石器和彩陶片，这些更使他确信这是一处内涵丰富的新石器时代遗址，值得发掘。

（二）仰韶文化遗址的发掘

1921 年 10 月，安特生带领地质调查所五位工作人员一起对仰韶村遗址进行正式发掘。对于这次发掘，安特生作了充分的准备，另外还得到了政府在人力、物力、技术等方面的大力支援。发掘工作从 1921 年 10 月 27 日开始，12 月 1 日结束，历时 36 天。当时发掘工作所使用的工具是由中美中亚考察团从美国带来的，主要工具有手铲、毛刷、铁镐、铁钩、皮尺、卷尺等等，这些工具在当时考古发掘中是最先进的工具，直到现在我们还沿用着这些传统工具。安特生和他的同事们主要对暴露灰层及遗物较多的东西沟和路沟断崖处布置发掘点进行发掘，沿着这些沟发掘了十七个地点，收获了一批石器、骨器和大量的陶器，其中还有一些彩陶及完整器物。这些珍贵的文物充分反映了当时人们的生产劳动、生活状况和文化背景。这一发现在中国考古学上是个创始，影响极为深远。仰韶文化的发现，证明了中国蕴藏着丰富的新石器时代文化遗存，标志着中国史前考古学及中国近代考古学的诞生，为中国历史研究带来了许多崭新的信息，具有划时代的重大意义。

（三）仰韶文化与西安半坡遗址

考古工作者经过多年不懈的努力，对仰韶文化有了基本的认识：仰韶文化距今年代约 5000-7000 年，其延续时间约 2000 多年。其分布区域为：西起甘青交界，南达汉水流域，东到河南东部，北抵河北、山西北部，中心区域大致在陕西中部、山西南部、河南大部和河北南部。现已正式发掘或试掘的遗址有 200 多处。其中已发掘出的西安半坡遗址是黄河流域一处母系氏族聚落遗址，它属于典型的新石器时代仰韶文化，具备仰韶文化的四个比较重要的文化类型，即半坡类型、庙底沟类型、后岗类型、大河村类型。西安半坡的仰韶文化是相当复杂的，有的属半坡类型，有的属庙底沟类型，有的甚至应当划分为后岗类型和大河村类型。由此可见，仰韶文化已经融入半坡氏族社会之中。

二、西安半坡遗址的发现和发掘

（一）半坡遗址的发现

　　1953 年春，西安东郊即将建成中国西部地区一个较大型的轻纺基地，为了解决电力能源的问题，政府决定在半坡村北 1 公里的地方修建灞桥热电厂。随着工程的进行，奇怪的事情不断发生，大量人工磨制的石器先后出土，还有少量的陶器被发现。这些事件引起了施工方的高度重视，马上把情况向上级做了汇报。

　　西安市文物主管部门了解情况后，立即派西北局文化部文化处的茹士安去电厂工地考察，他同吴怡如、郑郁文考察了电厂工地，在工地与半坡村之间的浐河东岸台地剖面上，发现了灰土层和红烧土、灶坑、灰坑等遗迹，其中还有石铲、石斧、石锄、砍伐器等工具和陶器。初步判断，这些工具应属于新石器时代的遗存。而陶器都是彩陶，与在陕西、河南等地发现的仰韶文化类型陶器上的图案非常相似，初步认定此处应该是新石器时代仰韶文化遗址，具有重大的发掘价值。

（二）半坡遗址的发掘

　　1953 年秋季，中科院考古研究所派石兴邦先生对浐、灞两河下游进行研究，确定这是一处规模较大的仰韶文化遗址。1954 年，中国科学院考古研究所决定对半坡遗址进行考古挖掘，并由石兴邦先生主持。该遗址面积 50000 平方米，1954-1957 年，中国科学院考古研究所组织近 200 名考古工作者先后进行了 5 次规模较大的科学发掘，发掘面积达 10000 平方米，获得了大量珍贵的科学资料。共发现房屋遗址 45 座、圈栏 2 处、窖穴 200 多处、陶窑 6 座、各类墓

4

葬250座（其中成人墓葬174座、幼儿瓮棺73座）以及生产工具和生活用具约近万件文物。半坡遗址中的房屋、地窖、灶坑、男女分葬的集体墓地、各种生产及生活用品等遗迹遗物。这为人们更好地认识史前居民的社会组织、生产生活、经济形态、婚姻状况、风俗习惯、文化艺术等提供了真实的物证，为弘扬中华远古文化起到了重要作用。

据考证，西安半坡遗址约在公元前4800年至公元前3600年，距今约6700年至5600年。它分为居住、制陶、墓葬三个区域，其中居住区是村落的主体。半坡遗址的发现是我国史前考古中第一次大面积揭露史前聚落遗址，开创了我国聚落考古学、环境考古学研究的新领域，开创了中国史前考古学研究的新局面，对研究中国原始社会历史有着重要的科学价值。

西安半坡遗址的发现和发掘，为现代人们开启了一扇窗，透过这扇窗，人们依稀可见6000多年前的母系氏族社会，她仿佛在沉睡的原始村落中慢慢苏醒。

西安半坡遗址

三、西安半坡遗址的特点

(一) 生态环境

原始半坡村庄北面是一片凸地，这片凸地面临浐河，南依白鹿原，再向南横亘着雄伟的秦岭山脉。这种生态环境很适合人类生存，是半坡人狩猎、捕鱼、农耕、采集及居住的好地方。

这片凸地面临着流淌着清澈河水的浐河，这样，半坡人就有了丰富的水源，保证了人类、牲畜、农耕的用水问题。这是人类生存和发展的基本条件，同时也是捕鱼的好去处；在白鹿原和秦岭山脉上生长着茂密的树木，此地土地肥沃、

鸟语花香，为半坡人农耕、采集、狩猎提供了得天独厚的优越条件；另外，这片凸地背坡面水、避风朝阳，很适合人类定居；而且水陆交通十分便利。

据考察，在半坡遗址的土壤中发现了已经炭化的孢粉颗粒，这是铁杉的花粉，铁杉属于高大针叶

树，主要分布在亚热带地区；在半坡遗址出土的兽骨中，有大量竹鼠、河鹿和斑鹿的骨骼，这些都是亚热带动物种属；在半坡出土的文物中，有大量的鱼类遗骨、鱼具和有鱼纹、网纹的陶器，说明当时鱼和半坡人的生活有着密切的关系；竺可桢教授在《中国近五千年来气候变迁的初步研究》这篇著名论文中曾经提到："依据半坡遗址以及安阳殷墟中的出土文物，推测在近 5000 年中的最初 2000 年大部分时间年平均气温高于现在 2 摄氏度左右，属于'仰韶温暖期'。"由此证明，半坡人当时生活在亚热带地区，那里沃野平川、山川河流、林草茂盛、气候温暖湿润，是一个适宜人类长期生存和发展的自然环境。半坡人选择了这片土地，并在这里生存、繁衍。他们以自己的勤劳、勇敢和智慧谱写了中国光辉灿烂的史前文化。

（二）社会组织

从半坡氏族遗址中我们可以推测出，半坡氏族部落是处在新石器时代母系氏族公社的繁荣时期。当时，半坡人以原始农业为基础，妇女在经济上起到了主要的作用。在这种经济条件下，人与人的关系是以走访婚或对偶婚的形式联系起来的，这种家庭是这一时期社会的基本构成单位。这样由几个家庭构成了以血缘为中心的共产制的家庭经济单位，共同经营氏族生活。

由于当时的农业生产劳动由妇女担任，她们在经济上起着主要的作用，所以在社会上受到广泛的尊敬。氏族的首领是由妇女或者老人来担当，并且在民主的氛围中来主持。凡氏族中的重大事情，都是通过氏族民主的形式得到解决。

通过对半坡遗址的调查推知，半坡聚落内每组房屋中心的大方形房屋大概就是氏族全体集会的场所。氏族成员在这里举行各种公共活动，如集会、祭祀、庆典等。氏族定期给氏族成员分配所需粮食，单个家庭没有独立的自营经济。家族所需的粮食一部分是从氏族分来的，一部分可能是家族自己生产的，每个氏族都有饲养牲畜的圈栏和各自的墓葬区。

在这样发达的母系氏族社会中，我们推测，不仅有了自然分工，还已经有了社会分工的萌芽。因为在这里，每一种劳动不可能由全体氏族成员共同参与，因为那样对整个社会财富的增值不是完全有利的。处于萌芽阶段的社会分工和最初的自然分工是紧密联系的。当时的农业生产和采集工作主要是以妇女为中心，她们主要负责播种、收获及田间管理工作；而打猎、伐树、农耕等重体力劳动则由男人来担当；捕鱼的活动，男女老幼都可参加；有关一般的工具制造，氏族全体成员均可参加，而特殊和精致的工具则由专人负责制造。

半坡遗址只发掘了一小部分，其余大部分还没有被发掘出来，所以有关半坡遗址是一个氏族的居住地，还是几个氏族的共同居

西安半坡遗址

住地的问题，还有待探讨。根据多年的考证，学者们更偏重于后者。在原始社会中，人类社会组织的形成最初是以自然地区为范围进行划分的。西安半坡人应该是以河流作为分界线来划分一个部落或者几个部落。有学者认为："当时的社会组织是由几个家族组成一个氏族，几个氏族组成一个胞族，几个胞族组成一个部落。浐河流域 20 多个遗址，其中同一时代的，可能组成一个部落的各个氏族居住地，或者数个部落或者部落联盟的分居地。"

在发掘半坡遗址时还发现了一些非半坡地区的遗物，有些物品必须在百里以外的其他地区才能获得，这说明在当时半坡居民与各部落之间已经有了交换关系。据有关资料表明："在仰韶文化时期，黄河中下游地区已经形成了一个范围相当广大的文化领域。在整个文化领域之中，在那时的历史条件下，可能已经形成了更大范围的地域性的社会组织，如部落的扩大或部落联盟的萌芽等，但基本的物质文化内涵还是一致的。所以各个小的地区和每个氏族聚落不是孤立的一个文化孤岛，而是互相联系的人们的文化共同体。各部落之间或各部族之间，可能有其一定的辖地，但他们之间的交往是很频繁的。"

（三）婚姻形态

半坡聚落是一个以母权为中心的原始氏族公社。由于生产的需要，男人和女人在生产过程中有了比较明确的社会分工，从而建立了新的生产关系。在母系氏族社会阶段有"儿女只知其母，不知其父"的现象。如果在现代，这种现象是无法理解的，但是在原始社会中却是普遍存在的，这和当时社会的婚姻形态有着很大的关系。由于半坡聚落至今太久远了，我们只能通过半坡遗址的居住环境和他们的墓葬和埋葬习惯去推测他们的婚姻形态。

半坡遗址已经发掘出来 3000 平方米的居住区，同期并存的房屋有 20 余座，两条东西向的小壕沟把这些房屋分为南北两个部分。这两个部分很可能是两个氏族。两组房屋中都有大、中、小型的房屋，这些小型的房屋就是为半坡人进行婚姻生活而建造的。半坡人的婚配方式有对偶婚和个别走访婚两种方式，这两种婚配方式在当时同时盛行。半坡女子在自己的小型房屋内接待外氏族的对偶男子，屋内有各种生活用具，满足了对偶家庭的生活需要。而半坡男子则与外氏族的女子进行对偶婚或个别走访婚。这种婚姻方式是短暂的，本氏族的女子固定在自己的氏族中，而丈夫随妻子在一定的时期内共同生活。由于这种婚姻形式的不稳定性，因而本氏族便会以女子为中心形成共产制的家庭经济单位来共同经营氏族生活。子女的照顾和培养都由母亲来承担，所以这也是妇女在社会上受到尊重的一个重要原因。

从半坡氏族的墓葬和埋葬习俗也能看出当时的婚姻状况。半坡遗址中发现的墓葬中，有两座是合葬墓，其余的都是单人葬。这两座合葬墓也都是男女分别合葬的。一座是四个少女的合葬墓，一座是两个男子的合葬墓。按照母系氏族的习惯，女子是氏族的主体，死后要埋在本氏族中，而男子死后仍归葬于出生的氏族，同一氏族的男女不能通婚，只能男女分区埋葬或者单葬。这是母系氏族实行族外群婚和禁止氏族内通婚的反映，形象地说明了当时的婚姻关系。

半坡人的婚姻形式是从走访婚逐步过渡到对偶婚的。在当时一个女子可以接纳几个男子，一个男子也可以和多个女子过夫妻生活，这种走访婚极不稳定。后来由于某个男子和固定的女子产生了感情，这种关系就逐渐稳定下来，走访婚就发展成为对偶婚，这是社会进步的一种表现。随着时间的推移，这种对偶婚越来越普遍和固定，最后夫妻关系、父子关系明确下来，人类就逐渐产生了家庭观念的萌芽，最后的婚姻形式就发展成为如今科学的一夫一妻制。

（四）居住区和建筑遗迹

半坡居民选择了这片肥沃的土地进行生活和繁衍，在这里他们过着永久性定居的生活。他们建造自己的房屋和开辟生活园地，这是人类征服自然的一个伟大创举。

半坡聚落遗址所占面积约50000

西安半坡遗址

平方米左右，而居住区中的房屋和经济建筑，形成了一群密集的建筑群，约占 30000 平方米。居住区位于聚落的中心，发掘出来的北边居住区虽然只有总面积的五分之一，但是已经可以了解这个居住区的大体情况了。首先看到的是围绕着居住区的一条全长约 300 米，深宽各约 5-6 米的大围沟。当遇到野兽袭击或外族侵略时，它就成了第一道防护的屏障，这里堪称后世城壕的先驱。另外，围沟还可以排放雨水，这也是一种有效的防卫设施，在自然灾害面前起到积极的作用。

居住区内所建造的房屋非常有特点。居住区中央有一座 160 平方米的方形大房子，门是向东开的，其结构和建筑与半地穴式的房屋相同。据考证可能是氏族公共活动的场所，也可供老人、妇女、儿童及残疾成员居住，或者作为酋长接待外族客人的地方。在建筑方面，它是公社最重要的建筑物。可以想象，当时的半坡人就是在这里举行大型的集会、讨论、祭奠等各种公共活动。

在大房子的四周发掘出了 46 座小房子，这些小房子是供氏族成员个人居住的地方，虽然这些房子现在已经倒塌了，但是从倒塌下来的墙、屋顶和屋基遗迹中还是能够看到房屋的建筑形式。每一座房屋都有其各自的特点，但基本特征是相同的：房屋的门都是向南开着，对着中央那座方形大房子；一进门两边是很低的隔墙；房子中间是一个烧火的灶坑；主要的建筑材料是草泥土和木料。这些房屋的基址往往是几个叠压在一起，这说明当房屋损坏时，即就原基础稍加平整后另建新的房屋，从这里我们就可以了解此房居住时间的长短和前后变化情况，这也是半坡遗址房屋建筑的特点之一。可以根据这一特点将房屋分成早、晚两个时期，但不论早期还是晚期的房屋，都有方形和圆形两种形式，在结构上又可分为半穴居和地面建筑两种形式特征。

圆形房屋共发掘出 31 座，从结构上可分为半穴居和地面建筑两种形式，房屋的外形有点类似蒙古族的"蒙古包"。这两种圆形房屋的共同特点是：平面近似圆形或椭圆形。屋门向南开，门口有门限。房屋中央是一个灶坑，灶坑正对着门口。门口和灶坑之间有一条门道，门道两侧各有一道南北向的隔墙。墙壁中竖立着好多根支持屋顶的木柱。房屋的墙面和屋顶都是用草泥土筑成，内壁光滑，外壁较粗糙。不同点在于，半穴居的房屋屋顶是圆形或者是椭圆形的平顶；在地面上建筑起来的房子，屋顶是尖椎形的。

方形房屋共发掘出 15 座，从结构上也可分为半穴居和地面建筑两种形式。其中大多数都是半穴居，有方形和长方形两种形式。这种半穴居的房屋比圆形房屋要原始，房屋结构比较简单。建造时在地上挖坑，四角作圆弧状，用坑壁作墙壁，中间挖小坑作灶坑，旁边用两根到四根柱子支撑房屋，在墙壁和屋顶涂上草泥土。门朝南开，门口有一条狭长的斜坡状或台阶状的门道，有的还有门限。为了使房屋隐蔽安全，在走道上还用棚架掩盖。晚期建筑这种房子时，西边高出东边约 10 厘米的土台，面积约占全屋的五分之二，是人们睡觉的地方，叫"土床"。这种房子总体看来像个方锥体，房屋面积平均约 20 平方米，小的约 10 平方米，大一些的还有 30 平方米，甚至还有 100 多平方米的，是比较原始的半坡人代表性住宅。

方形房屋的另一种形式是从平地上建筑起来的，构造要复杂些。这种房屋四周和墙壁共有 12 根木柱组成（东西三行，南北三行，互相平行，排列整齐），四周木柱子之间用木板连接，再在木板上抹上草泥土作墙壁。房屋的屋基是用一层灰土、一层木板，再抹上一层草泥土一层层铺砌起来的，最后再用火烧，这样做出的地面坚硬、结实、精细。根据木桩的分布情况，可以推断这种房是"人"字顶两檐式的平房。虽然只发现了为数不多的几座，但是这已经说明了这种方形房屋的先进性。

在半坡遗址中还发现了 200 多个窖穴，这种窖穴，是半坡人用来储藏生产工具、生活用品和食物的，多出现在居住区内和房屋交错在一起。早期的窖穴比较小，形状各异；晚期的窖穴比较大，形状比较固定，一般多为口小底大的圆形袋状窖穴。这表明时期越晚，生产越发达，可供储藏的东西越多，窖穴就越大，发展越趋于稳定。

另外，居住区两边和北段围沟的旁边，发现了两座不规则的长方形建筑遗迹，其周围都有密集的柱洞。这种建筑的形状与房屋不同，而且没

有发现灶坑和居民居住的痕迹。所以，我们推测它们很可能是当时饲养家畜用的圈栏的建筑遗迹。

（五）生产工具和生产活动

从半坡遗址的居址和墓葬中发现了大量的生产工具，这些生产工具生动地说明了半坡人用自己的智慧与辛勤的劳动在这片富饶的土地上进行农耕、狩猎、捕鱼、采集等活动。我们的祖先在劳动的过程中经过不断地探索，创造了各种各样的生产工具，推进了原始社会不断向前发展。

在半坡氏族居住区的房子、灶坑、窖穴等地挖掘出各种生产工具，其中质料工具5275件（其中包括石、骨、角、陶、蚌、牙等），陶制的半成品2638件。根据这些工具的主要用途可把它们大致分为农业生产工具、渔猎生产工具、手工业生产工具和可兼用于不同生产活动的各种工具。

1. 农业生产工具和生产活动

在原始社会中农业占有非常重要的地位。由于当时半坡地区气候温暖湿润、雨水量大、土地肥沃又依山傍水，为农业生产提供了很好的自然环境。半坡人选择这里来谋取生存和发展的空间。当时金属工具还没有出现，人们从事农业生产主要是用粗糙的磨制石器和打制石器。从遗址中挖掘出来的农业生产工具共计735件，包括开垦耕地和砍劈用的石斧313件、石锛71件、石铲13件、石锄19件、石制砍伐器59件、收割用的石刀和陶刀217件、加工粮食的石制碾磨器11件、石杵14件、穿凿木料的石凿18件。在这些工具中斧、锛、凿大部分是磨制的，铲、锄、砍伐器和刀大部分是打制的。从这些挖掘出来的工具可以判断当时的农业是处于锄农业的发展阶段，生产力水平很低。

通过农业生产工具我们可以推想当时农业的生产情况。在不宜生长森林的黄土地带，半坡人类大概采取"刀耕火种"的办法来开垦荒地、种植谷物。所谓"刀耕火种"，就是人们用石斧、砍伐器砍倒树木，割掉杂草，放火焚烧，然后把烧成的草木灰翻入地下作为肥料。原始人就是用这种办法把荒地开垦成耕

中国古代遗址

地的。石斧在当时的生产中占有重要的作用，除了可以砍伐树木、开垦耕地外，还可以建造房屋、砍劈木材。"刀耕火种"之后，人们用石铲、石锄平地，进行翻地、松土、除草。石铲是当时最进步的翻地工具，它用于翻土或松土，形状扁薄而宽，刃部锋利，其装柄和用法和今日的锹相似。石锄头部扁尖或扁圆，锄身略窄，一般安在鹤嘴木柄上使用，既能除草，又能间苗，使用起来得心应手。当土地平整之后，人们就播种谷物。当时人们用骨铲和木制的掘土棒之类的工具点种，用石锄等工具盖上土。种子出土之后，人们还要做清除田间杂草等简单的田间管理，另外还要防止小动物对农作物的威胁。等到秋收季节，人们就用石刀、陶刀来收割庄稼。这种刀子在遗址中共挖掘出 271 把，以打制的两端有缺口的刀子最多。还有少量形状为长方形两端带有翘角式的梯形刀。到了半坡晚期收割工具出现了石镰，可以只收穗不收秸，提高了收割效率。

半坡人通过集体艰苦的劳动换来了粮食丰收。在遗址中，人们发现了粟米的痕迹。在一个小地窖里，发现储存的粟壳有数斗之多。在另一座房子中发现了小陶罐里也有粟米的皮壳。这说明当时粟的生产已经有了储存的能力，在人们的生活中占有重要的地位。我国粟米的种植历史早在半坡时代就已经开始了。自古以来，我国就有"五谷尽藏，以粟为主"的储粮备荒方法。由于粟耐干旱，成熟期短，收获量大，久藏不坏，特别适合北方黄土地带生长。所以，半坡人非常愿意种植粟这种农作物。

在半坡遗址的另一座房子旁边还发现了盛有菜籽的陶罐。据考证，这些菜籽可能是白菜或者芥菜籽类的蔬菜籽。这些菜籽是半坡人种植用的，说明在半坡时期人们除了种植谷物还种植蔬菜。

2. 原始渔猎工具和活动

半坡人除了发展农业、畜牧业外，打猎和捕鱼也是一个古老的生产活动，它给人类提供了肉食、皮毛、骨角和油脂等重要的生活物品，在人类的生活中占有重要的地位。当时，在白鹿原茂密的丛林和大片的草地、沼泽里，生长着成群的动物，在浐河中自由自在地游着大大小小的鱼虾。这为半坡人狩猎和捕鱼提供

西安半坡遗址

了良好的条件。

在半坡遗址中共发现渔猎工具644件，其中半坡人在狩猎时主要用的弓箭、长矛、掷球和棍棒等共计有300多件。弓箭是人类狩猎用的主要工具，仅箭头就发现288件，箭头有骨制的和石制的。其中大部分是骨箭头，均是磨制的。骨箭头的样式很多，有身长而圆形的，有圆柱形的，有扁平形的，有宽而扁形的等13种类型，制作得非常精巧。石制的箭头仅有6件，保存完好的只有2件。长矛在狩猎时也是经常使用的工具，遗址中共发现矛头6件，有石制的和角制的，器形窄长而尖利。弓箭和长矛的使用增强了人与自然做斗争的能力。另外，飞球索也是重要的狩猎工具。即人们在绳索、兽筋、藤条的两端系球，手握石球猛力旋转并投掷野兽，将野兽缠住的方法。还有一些小的石球和陶球，可以作为弹弓的子弹射杀飞禽和小动物。另外，遗址中还发现了大批的兽骨，有獐、斑鹿、狸、竹鼠、野兔、羚羊等等，可见这些动物都是当时取猎的对象。

遗址中除狩猎工具外，还有捕鱼的工具300多件，有骨鱼钩、骨鱼叉、石网坠等等。骨鱼钩共9件。钩身有的作扁条形，有的作圆条形，部分钩尖还有倒钩，制作均很精巧。骨鱼叉共21件，质料有骨角两类，多为磨制，有单钩式和双钩式两种形式。石网坠共计320件，都是选择小块扁平的石块做成的。在半坡遗址的彩陶上经常会看到绘有各种形状的鱼纹和网状的鱼网纹饰。这些都充分地说明了渔业在半坡先民的生活中占有着特别重要的地位。

3. 饲养业的发展

与农业最为密切的饲养业在那时也出现了。新石器时代遗址中就发现了许多饲养牲畜的圈栏。半坡遗址出土中就有两座圈栏遗存。另外，还出土了许多猪、狗、牛、羊、鸡等动物的骨骼。这充分说明了在当时就已经有畜牧业的发展了。

随着农业的不断发展，半坡居民逐渐过上了稳定的生活。人们不仅种植粮食，还通过狩猎的方式猎取动物借以来补充食物。由于生产工具逐渐发达，狩猎来的动物不仅能填饱肚子而且还有了剩余。人们把比较温顺的动物养殖起来

中国古代遗址

作为食物储备，这样便产生了饲养业。饲养业的产生是人类的又一大进步。

在遗址中发现最多的是幼猪和狗的骨骼。可以推测在当时人类饲养最多的动物就是猪和狗。这两种动物的饲养目的和现代人基本上是一致的。猪的大量饲养是为了给人类储备粮食，因为猪很容易饲养而且繁殖能力强，所以大多数人都饲养猪。也许是由于幼猪小易熟或者由于当时的饲养经验不足，导致猪还没有长大就死掉了，最终被人作为食物。而狗的大量饲养是因为狗嗅觉灵敏，机敏机智并很通人性，狗可以和主人一起外出狩猎，还可以看护家园，是人类忠实的朋友。

自从有了饲养业，人类可以补充更多的食物，自己控制食物补给的能力也增强了。大量饲养家畜需要更多的粮食，在一定程度上又促进了农业的发展。当畜牧业发展到一定的程度，物品就有了剩余，交换也成为了可能，这样无形中促进了各部落之间经济文化的交流。饲养业的出现和发展无疑是社会的一大进步。

4. 采集活动

采集经济在氏族公社活动中居于次要地位，但是也是半坡人取得生活资料不可缺少的一种方式。从居住区的遗址中，在房子里、地窖中发现了大量的如榛子、朴树子、栗子等果实皮壳的遗迹。当时人们使用的工具可能是木棒、铲子、小刀等。

由此我们可以看出，半坡氏族社会为了获得食物，他们采取了以农业生产为主，与打猎、捕鱼、饲养家畜、采集等生产活动共同发展的社会经济形态。

5. 生活用具和生活情况

随着社会的进步，生产力水平不断提高，人们开始过着稳定的定居生活。人们对日常生活的需求也随之增多了，饮食习惯也发生了巨大的变化——从直接吃生食物过渡到吃熟食。这是人类文明的表现，使社会又向前迈进了一大步。为了满足人类对日常生活的需要，于是半坡人制作了很多生活用具。其中最重要的就是陶罐的制作。

半坡人在长期与泥土打交道的过程中，发现泥土不仅是盖房子的最佳材料，而且还发现泥土

和水融合在一起捏成形，再用火烧，可以变成坚硬而不透水的容器、炊具和食具，这一重大发现使人类发明了陶器。陶器的发明是人类借助火使一种物质变成了另一种物质，这是利用自然、改造自然的一项重要成就，也是新石器时代的主要特征之一。它的出现为人类提供了大量的烹煮器皿，丰富了人们的生活，改变了人类的饮食习惯，对提高人类的身体素质和思维能力起到了关键性的作用。在半坡遗址中所收集的陶片在 50 万片以上，占全部出土物文物的 80%，完整和能够复原的器皿将近 1000 件。足以得见当时陶罐在氏族人的日常生活中是经常使用的生活用具。

考古人员在遗址中还发现了由六座陶窑制作的陶区。这六座陶窑分为横穴窑和竖穴窑两种形式。比较常用的是横穴窑：它烧火的火膛是一个长而斜的筒状，长约 2 米。火膛上端是窑室，下端是火口，火膛与窑室之间有三道粗火道，窑室底部为圆形，直径 8 厘米。在周围有 10 个长方形的小眼，火从火道经过火眼进入窑室。另一种是竖穴窑，它的特点是火膛在窑室的垂直下方，这样就可以随时调节窑内温度，使窑内均匀受热。火膛像圆形袋状窑穴，上端小底部大，火膛旁边有一个很窄的火口，这种窑结构上比前者先进。这些窑都不是很大，每次每个窑只能烧制几件到几十件陶器。可见当时的生产力水平还是很低的，但是窑的构造已经很进步了。半坡氏族从无窑到有窑，从横穴窑到竖穴窑是制陶技术不断发展的结果，无疑是原始社会又一次文明进步的表现。

看着古老的陶窑，我们仿佛看到先民们在穴窑中制陶的情景：制陶者先将选择好的泥料、掺和料按一定的比例配好后，再掺匀、捣熟，然后作成陶坯。陶坯晾干后，用陶拍、陶抹等工具抵压、抹拭陶坯，这是制坯过程的一道关键的程序。经过这一过程可以塑造器皿的形体，排除多余的水分，弥合细小的裂纹，使器壁更为坚实、细密。人们为了使器皿更加美观，还在器皿上加以装饰和修整，再施以彩绘和各种纹理，使器皿看起来更加美观大方。人们将做好的陶坯放在窑室的平台上进行烧制，再用草泥土封起来，留着出烟的孔，然后把柴草从火口加进火膛，点火燃烧。这样，火焰就由火膛通过火道、火眼达到窑室，烧烤陶坯。经过一定的时间，陶器就烧成了。

半坡氏族公社陶器的式样繁多、品种丰富。我们现在生活中所用的一些器皿，在当时都已经出现了。这些器皿从材质上可以分为细泥陶、粗砂陶、细沙陶三种；从颜色上可分为红、黑、灰；从它们的形状、造型特点和生活实际需要可分为饮食用器、水器、炊器和储藏器等不同类别，如：碗、钵、盘、皿、壶、瓶、罐、瓮等四五十种不同的样子。

此外，半坡氏族的手工业也相当发达。当时，手工业除了制作生产工具外，还制作各种生活用品。在遗迹中共发现1133件。包括石、陶制的纺轮52件，骨针281件，石、陶、骨、角制的锥子715件，骨凿77件，石制尖状器2件，石制研磨器6件。这些工具表明，当时人们已经能够从事制作毛皮、编结席篮和渔网、纺线织布以及缝制衣服等工作了。

半坡人用自己的聪明才智，勤于思考，大胆创新，创造了形态各异的陶器并且一直沿用到今天，这不得不说是半坡氏族社会的一个奇迹。

6.精神文化艺术

半坡氏族时期，由于社会经济的不断向前发展，人们的精神文化生活也变得异常丰富。人们对自然的忠爱和憧憬之情活生生地体现在他们的生产生活之中。无论是葬俗与祭祀、彩陶艺术、原始雕塑、服饰装饰，还是特殊符号和音乐的出现都生动反映了半坡人热爱生活、追求美好生活的强烈愿望。半坡人凭借自己的智慧和艺术才能给我们留下了优秀的文化遗产。

1.埋葬制度和葬俗

通过半坡遗址我们已经了解了半坡氏族的生产生活情况，当然我们也可以通过这些葬墓来了解半坡氏族的埋葬制度和葬俗。

半坡氏族葬墓共发现250座，分为成人墓和儿童墓两种形式。成人墓和儿童墓分开埋葬。在这些墓葬中，成年人的墓有174座，大多数都埋葬在大沟外北部的氏族公共墓地，面积约6000平方米。儿童墓共76座，大部分埋在居住区内。

在原始社会，人们对生与死有着自己的信仰。他们相信人死后灵魂不死，会在另一个世界继续生存下去；死者的灵魂能够对生者起作用。在这种信念的作用下，人们对死者既尊敬又恐畏，现实中的人们对死者唯一能做的事情就是很好地安置死者灵魂曾经寄居过的尸体，他们对死者实行

埋葬和祭祀活动，希望死者的灵魂能够得到安息，还能够在冥冥之中对他们加以庇护。这样，人们暂时找到了一条协调人与自然间关系的途径，产生了葬俗。

成人墓埋葬的样式较多：最普遍的是仰身直肢葬，还有俯身葬，二人以上合葬、二次葬、割体葬和屈肢葬等形式。无论哪一种葬俗，死者的头基本上都是向着西方或者西北方的，这种有秩序的安排不是一种偶然现象，是和当时人们思想中的信念有关。有关考古资料记载："现在的后进部族在埋葬死人方向的问题上，基本上有三种不同的信仰：一种认为人死后，灵魂要回到氏族原来的（传说中的）老家去，因此，头就朝着老家的那一方向。例如苏丹东尼尔兰人、新几内亚土人等。第二种信仰认为世界上有一个特殊的域界，人死后，就到那里去生活，因此，埋葬死者时头就朝着另一个世界所在的方向，这一信仰，相当广泛地流行于亚洲南部、西部以及北部等地的各民族之间，而且大部分人相信这个世界是在西方，例如印度尼西亚、马来半岛的一些土人。第三种信仰，人从生到死比如太阳东升西落一样，人死后就随着太阳落下。因此，在埋葬时，背朝东，面向西，如我国的佤族埋葬死者头也向西，他们认为日落西方，死者的头向必须朝西，否则家人不吉利。"这些材料给我们很大的启发，具有参考价值，使我们不约而同地联想到，半坡氏族人在埋葬死者时应该也是有着此类的信仰吧。

半坡人在埋葬死者时最普遍的方式是仰身直肢葬，和我们一般的埋葬方法基本相同，即面朝上、直腿。这种姿势很像正常人在睡觉的样子，这表示人死后会到另外一个世界继续生活。埋葬时还会给死者随葬一些日常生活所需的各种用具和装饰品，甚至还有食物，以此来寄托对死者的哀思和祝愿。

俯身葬和前者相反，是面向地下作爬伏状，都是单人葬。这种埋葬方式也是相当广泛的，在我国从石器时代一直到殷周都有发现，在美洲、中亚、印度和日本的北海道都有，但是各地的寓意不完全相同。有的是因病而死，有的是不同寻常的死亡等等，使得这种特别的埋葬习俗变得更加神秘和复杂。

在半坡遗址的葬墓大多数都是单人葬，其中只有两座合葬墓例外。一座为2位男性的合葬墓，死者40岁左右；另一座为4位女性的合葬墓，死者大约15

岁左右。墓坑的界限不是很清晰，唯有4位女性的合葬墓有三边可以找到凹槽，以此可以推知当时的墓坑是挖一个凹槽，能容下尸体和随葬品即可。

另外，为什么没有男女合葬的葬墓呢？这是母系氏族社会特点的具体反映。在当时由于半坡人实行走访婚和对偶婚，本氏族内严禁通婚，男女双方的配偶是不固定的，仅有简单的婚姻关系而无经济关系，母亲承担抚养孩子的重任，所以很多人都"只知其母，不知其父"。在这种状态下，父与子、妻与夫不属于同一个氏族是不能葬在一起的。人的生产消费以及死后埋葬都是在各自的氏族中进行，只有同性别的兄弟或姐妹能够合葬在一起，而不能和异性合葬。

在仰韶文化的墓地中二次葬的墓地是比较多的，在半坡遗址中也发现一些二次葬的墓地。二次葬是人死后将尸体放在特定的地方，等尸体腐烂之后，将骨骼收集起来，另行埋葬，再举行第二次葬礼，在举行葬礼的时候可能还举行各种仪式。可见，二次葬在当时是受到重视的一种葬俗。这种埋葬制度和半坡人的信仰是很有关系的，他们认为："人的血肉是属于人世间的，必须等到血肉腐朽之后才能作最后正式的埋葬，这时候人才能进入鬼魂世界。"至今，在我国的东北、台湾、广东、福建等地还有许多部族实行着这种葬俗。

割体葬是值得注意的一种埋葬方式。在发掘出来的墓葬之中，有的尸骨腿骨不全；有的尸骨没有手指，但在随葬的钵内或填土中发现零星的指骨；有的将腿骨砍断，再与大腿放在一起埋葬等等。这种指骨丢失的情况可能是偶然现象，但是有些墓并没有被破坏，而指骨却被放在陶钵中，这说明割体葬是当时的一种埋葬习俗，有着特殊的意义。在远古时期，人们把鲜血视为非常神圣的事物，认为血把人同神以及人同人联系起来。断指时必然要留出鲜血，用自我惩罚的行为来表示自己的虔诚之心。至于其他部位有肢体残缺的现象，林惠祥在《民俗学》中这样解释："有些蛮族由于辟邪或惧怕死人，尸体移去时常用此方法使鬼魂不能回头来，有时把尸体绑合，有时甚至将他肢解，有时令其足部向前。"通过这些事例我们似乎能理解半坡人割体葬的寓意。

半坡的屈肢葬只发现4座，死者身体侧卧，四肢呈弯曲状，似乎被捆绑起来。这种埋葬形式在不同民族、不同地区和时代有着

不同的含义。我们可以通过有关史论记载资料对半坡的屈肢葬进行深刻地理解："原始部落认为，人死后埋在地母腹内应当和生前在生母腹内一样躺着；有的是为了防止死者灵魂危害生者而加以捆结；甘肃永靖秦魏家，武威皇娘娘台墓地，女性墓葬者多为屈肢葬，同墓的男性为仰身直肢葬，以此象征女子对男性的依附和屈从。云南怒族，到近现代仍对妇女实行屈肢葬，亦是男尊女卑的表现。春秋秦人，殉奴多为屈肢葬。云南独龙族的屈肢葬是为了让死者环火而眠。西藏门巴族，取蹲式将尸体安放于屋内双手交叉于胸前，如胎儿状，祈求死者手脚捆绑入葬，并在上面盖上大石板，是为了防止死者灵魂外出作祟。"

由于我们的先民们认为人死之后，就会到另外一个世界去生活。因此，在半坡遗址成人墓葬中附有很多随葬品，以满足死者日常生活的需要。在发掘出的墓葬中，有随葬品的墓葬共71座，出土随葬品308件。其类别有工具、用具和装饰品。其中以陶制的容器为最多，共277件。装饰品次之，工具极少。随葬的陶器1个至10个数目多少不一，5-6个的比较常见，7个以上的比较少。合葬墓随葬的陶器比较多，四人合葬墓有38件，二人合葬墓有8件。器皿在放置上，数目少的就平放，数目多的就叠放，也有小的器皿放在大的器皿里面。器皿的罐口都是向上或斜置的，其中小口尖底瓶是随葬品中最为常见的，大多数情况下它是和其他器皿摆放在一起的，也有的埋在墓室的填土中或者墓室左下角的坑中；其他器皿多是靠近人体放置。另外，随葬品有作炊器和储藏器用的粗陶罐，作水器用的尖底瓶和各种壶类，还有盖东西和盛饭的钵等，它们的组合也是有一定规律的。除陶器外，随葬的装饰品也很多，装饰品都放在佩戴的部位，如耳下、腰间或头上。由此看出，氏族人对死者非常尊重，他们把对生的希望与死的安慰一起埋葬在墓地之中，以此来祭奠死去的灵魂。

半坡人对儿童的葬法和成年人不同。半坡遗址中共发现儿童墓葬73座，除个别外，绝大部分埋葬在屋旁。半坡人将夭亡的儿童葬在夹砂陶罐或瓮内，上面盖一个陶钵或陶盆，较大的儿童用两个大瓮对扣起来，无随葬品，这些儿童，有的单独埋葬，有的成群埋葬，这使我们联想到，集体的氏族公社生活是对儿童所采取的集体教养和管理。因此，死后也可以埋葬在一起。半坡埋葬儿童的习俗可能是受"来世观念"与情感的双重支配。"来世观念"是指儿童还未长大成人，期望他能再度降生来到这个世界上。另一方面，也许由于儿童太小，没有成人，把儿童埋在房屋旁边可以得到家人的照顾。因而，半坡人把死去的儿童埋葬在居住区内。在瓮棺盖的底部有一个有意雕凿的小孔，是儿童灵魂出入的孔窍，儿童的灵魂可以通过这个小孔时常出来与亲人团聚。

在 73 个儿童墓葬中，大多数都没有随葬品，也许是因为儿童太小不会使用这些工具。但其中有一例是半坡儿童葬的特例。这是发现的唯一一座夭折儿童做成人葬式并享受木棺葬具，这明显高于成人的土坑葬和一般儿童死后的瓮棺葬。墓主是个三四岁的小女孩，骨架长约 0.82 米，仰卧直肢，头向西，脸向右倾斜，全身骨骼亦略微向右斜，保存完整。墓中的随葬品异常丰富，种类很多，有陶器、石珠、石球、耳坠等物品，共计 79 件；在钵内还有粟粒遗迹。在下颚骨的下方，有一块青白色的玉耳坠，上面有个小孔。有 69 颗石珠围绕腰部，在腰部的填土中有 12 颗，在盆骨及手指骨上面有 31 颗，右盆骨下及尾椎骨右下部有 5 颗，在骨架的下面有 21 颗。在下腿骨的左侧，发现 3 个石球，可能是儿童的玩具。这个半坡女孩葬是极其特殊的，我们推想这个女孩可能是氏族首领的女儿或者是这个氏族的接班人，不幸夭折了，人们万分惋惜，所以给予厚葬。

2. 彩陶艺术

当我们在遗址中发现这些绚丽多彩的陶器时，便置身于一个古朴、生动的彩陶世界里。我们的先民把对自然万物的理解，对社会生活的认知和体验，对未来生活的向往与追求，用绘画的形式活生生地刻画在陶器上，融入到自己的生活之中，这是何等伟大和美好的事情。正是我们的祖先对生活的无限热爱和他们的勤劳与智慧，我们今天才能看到这么古老而优秀的作品。6000 年过去了，这些古老的彩陶在世人面前仍然放射着璀璨的光辉。

彩陶艺术是造型美和装饰美的统一体，是实用性和观赏性完美的结合，我们的先民们在有意无意中遵循这一原则制造了无

 西安半坡遗址

数精美绝伦的彩陶。这些彩陶样式繁多，种类丰富。从彩绘纹饰的颜色来说，以红地黑花为主，但也有其他的，如白地黑花或黑红两色花、红地白花、青灰色地红花。从纹饰的类别讲，以几何形图案花纹为主，而独具特色的是动植物形象花纹，这些纹饰构成半坡原始氏族公社彩陶纹饰的独特风格。这些纹饰大致可归纳为三大类：一类为几何图案的花纹，多为平行线、

弧线、三角形、正方形、长方形、椭圆形、圆点等图案。这些图案笔画清晰、结构缜密，具有强烈的装饰性。另一类为写实性的图案花纹，如鱼形、鹿形和一些鸟兽的形象，其中以鱼形的花纹为最多，植物的花纹比较少，但别具一格。除此之外还有人面纹，并且同其他的花纹组合起来，既有一定的规律，又富有变化。第三类为抽象图案，多为一些象征性的写意图案，造型奇特、寓意深奥，具有象征意味和神秘色彩，表达了人们的某种审美取向。

半坡人对鱼似乎情有独钟，很多彩陶上都画有鱼的图案。在原始社会中，人和鱼有着很深的渊源。人们不仅以鱼为食，而且还喜爱鱼、信奉鱼，希望能像鱼一样多子多产，繁衍不息。至今还有很多我们熟悉的带有鱼类图案花纹的陶罐，可谓是我们现在彩陶中的珍品，如：人面鱼纹、网纹盆、鱼纹罐、鱼纹盆、双鱼纹等。

单体鱼纹彩陶盆：此彩陶盆是半坡最具有代表性的纹饰。高 15 厘米，口径 25.5 厘米，腰径 25 厘米。造型规整、圆底、折肩，盆口由黑彩带缠绕，盆上的纹饰是已趋于图案化的鱼的形态，顺时针共画了三条正在游动的小鱼。制作者描绘了小鱼正侧面的形象：张大的嘴巴、翘翘的鼻尖、大大的眼睛，形象逼真可爱。另外，制作者把鱼的腮、身、鳍、尾各个部位用图案化的线条把鱼生动地再现出来，表现了一种单纯、古朴之美。

几何鱼纹盆：此彩陶盆高 16 厘米，口径 37.3 厘米，腹径 37 厘米。盆身上的鱼形经过提炼已变化成带状几何图案，在带状的几何图案中间又由不同色彩的三角形巧妙地组合在一起，抽象概括地表现出两条鱼头对头、嘴对嘴的生动形象，把图案画的鱼描绘得淋漓尽致。

中国古代遗址

人面网纹盆：此彩陶盆高 17 厘米，口径 45 厘米。彩陶盆中绘制者巧妙地将鱼网和人面有机地结合在一起，造型简单，构思新颖，寓意深刻。恢恢大网，疏而不漏，体现了鱼网这一生产工具在人们生产生活中的重要作用。人的形象刻画得简单而有趣，圆圆的小脑袋上好像带着一顶打鱼的帽子，眯成一条线的小眼睛好像放射着智慧的光芒，嘴巴大张好像在哈哈大笑，表现出捕鱼丰收的喜悦心情。我们的祖先用简约的线条把对幸福生活的向往和期盼活灵活现地表现出来了。

人面鱼纹盆：此彩陶盆高 17 厘米，口径 45 厘米。此彩陶盆的形象绘制与人面网纹盆有点相似，绘制的是鱼和人的图案。这件彩陶作品是半坡彩陶中的精品。它反映了原始社会鱼和人之间的关系，而这种关系没有留下文字的记载，只有看先民们留下的简约图画中寻找答案。有关人面鱼纹的含义，是国内外一直争论不休的话题。

有人认为这是个小婴儿的出生图，因为原始社会儿童夭折的现象非常普遍，所以人们希望人类能像鱼一样繁衍不息；也有人认为这是太阳神崇拜或是月亮神崇拜；还有更多的人则认为这是原始人把鱼作为自己的祖先，人面鱼纹是氏族图腾崇拜的符号。不论哪一种说法都反映了人们热爱鱼、崇拜鱼，反映了人们对生命延续和对美好富足生活的向往和追求。

3. 原始雕塑

在半坡遗址中，发现了一些雕塑艺术品，这些艺术品看起来简单、质朴、天真、稚拙，是实用与审美的有机结合。

原始雕塑的产生最初是来源于它的实用性。我们的原始祖先在制作陶器时，器皿上的盖子要有一个泥疙瘩作为把手。在制作过程中，制作者有时就会把它捏制成各种有趣的形象，既实用又美观，原始雕塑就这样产生了。

半坡雕塑的形象简单生动，有鸟形雕塑、兽形雕塑和人头塑像。

鸟兽形雕塑多作为器物上的附饰，如把手、盖钮和肩上的凸饰，形象有相当逼真的，也有象征性的。遗址中发现的鸟形雕塑共 5 件，其中 3 件作鸟首状，都是器盖上的钮。高约 7 厘米，头长 6 厘米，头、颈俱全，颇像鸽子。另外两件为鸟类的尾部，均做

翘状；兽形的雕塑出土的只有一件，是器盖上的把手。身长6厘米，高4厘米，细陶制，红色，尚保存完整；出土的人头雕像也仅发现一件，是用泥块捏塑而成。据分析，这个人头塑像可能是插在某种东西上的附饰或者是儿童的玩具。此雕像细泥陶制，灰黑色。全高4.6厘米，连两耳宽6厘米，额宽3.3厘米。塑工并不精致，人面略呈方形，头作扁平状，耳、目、口、鼻均用泥片附加黏合而成，目、耳锥刺成洞，鼻子高大，鼻脊中间压成一道凹痕，耳部穿刺两孔。

半坡人的雕塑古朴、单纯，虽然表现手法和技术不能和现代相媲美，但是我们的先民们在生活中寻找美，把美融入生活，这是原始社会文明的象征和进步。

4. 服饰与装饰品

随着社会的文明和进步，服饰和装饰品就成为人类不可缺少的生活用品。虽然在遗址中没有发现服饰的痕迹，但是发掘出不少的陶、石纺轮；精细小巧的骨针281枚，还有在半坡陶器的外壳和底部有绳线和布的纹痕，布纹的痕迹有的粗，有的细，粗的类似于今天的麻袋布，细的像帆布。这些迹象都表明半坡人当时为了抵御寒冷和保护身体，用猎获的兽皮和采用野麻一类的植物纤维缝制成衣服已经是很普遍的事情了。

和服饰紧密联系的就是装饰品了，"爱美之心，人皆有之"，半坡人也绝无例外。半坡遗址中出土的装饰品有发笄、环饰、珠饰、坠饰、管饰、悬配饰等共计1900余件。使用的材料也很广泛，有陶制、玉制、石制、骨制和介壳类制成的，做工非常精美。

在这些装饰品当中，发笄就有715件，充分说明了当时人们已经把头发挽成发髻，不再披头散发了。在各种装饰品中，最难得和宝贵的应该是用兽牙做的饰品。因为在当时人们最大的天敌就是野兽，当时人的力量是非常渺小的，需要通过集体的力量才能捕获到猛兽。一旦捕获了野兽，肉可以食用，毛皮可以制衣。作为氏族成员来讲是个天大的好事。而用兽牙做的装饰品是胜利和荣耀的见证，受到人们无限的尊重和爱戴。

5. 文字萌芽

在原始氏族社会阶段没有出现过真正的文字，但当时的人们已经在使用各种不同的简单符号。

在半坡遗址中共出土 113 件标本，22 种标志符号。这些符号绝大多数在居住区的文化堆积层中，多数是刻在饰有宽带纹或大的垂三角形纹饰的直口钵的外口缘部分。这些符号笔画简单，均匀流畅，形状规则，竖、横、斜、叉皆有。另外，还有一些符号刻画得较为繁琐，仅有孤立的符号 12 种。从符号的形状来看，同后来出现的甲骨文十分相像。我国的甲骨文也出现于北方中原地区，两者地域较吻合，使人把甲骨文的起源和这些特殊符号联系起来。

特殊符号的产生和社会的发展是相辅相成的，同人们的生产、生活、分配、消费及交换有着密切关系。由于社会生产力的发展，人们的物质生活不断丰富起来，并出现了私有物品。据推测，这些符号可能是代表器物的所有者或器物制造者的专门记号，这个所有者可能是某个氏族、家庭或个人。这些记号就是简化的图画文字，代表一定的意义。经过一段时间的使用，大家就会熟悉这些符号的特殊含义，慢慢接受、运用并广为流传。

这些特殊符号绝大部分是刻在饰有宽带纹的钵的口缘上。因为当时钵是日常生活和埋葬中大量使用的一种器物，口缘这个部位又比较醒目。特殊符号有的是陶器未烧以前就刻好的，有的则是在陶器烧制后或者使用过一段时间后所刻划的。这些符号不仅仅出现在半坡遗址中，在其他一些仰韶文化遗址中也有发现，其风格与作法和半坡是完全相同的。说明这些符号的应用范围很广泛，并且代表一定的意义，是人们对某种事物在意识形态上的特殊反映。当时虽然没有文字产生，但我们可以推测这些特殊符号与我们的文字有着密切关系。据有关资料记载：甲骨文确实源于刻画符号。我们可以推测出这些特殊符号很可能是甲骨文的雏形。

西安半坡遗址

6. 半坡陶埙

在半坡遗址中我们还发现了两个陶口哨。这两个陶口哨保存完整，形状大小也相同。它们全用细泥捏作而成，表面光滑但不平整，呈灰黑色，形如橄榄，两端尖而长，中径略作圆形，上下贯穿一孔。全长 5.8 厘米，中径 2.8 厘米，孔径 0.5 厘米，吹起来发出吱吱声。

虽然在遗址中发现有关乐器方面的遗址很少，但是通过这两个陶埙可以看出当时已经有音乐和舞蹈产生了。我们可以想象：在半坡氏族村中，当氏族举行大型集会、庆典祭祀、农业丰收、打猎满载而归、婴儿出生时，人们为表达喜悦之情，吹着陶埙等乐器载歌载舞，这是一件多么让人兴奋和快活的事情。

四、西安半坡人对自然科学的运用和理解

半坡人在长期的生产生活实践当中，不断地探索、积累经验。在同自然做斗争的同时，又能自觉地将自然科学知识巧妙地运用到生产生活之中，既提高了技能，也增长了聪明才智。半坡人对自然科学的运用是原始氏族社会的一大进步，是文明的具体表现，为科学技术的发展奠定了坚实的基础。

（一）数学知识的运用

半坡人最初对数字的概念是从人的需要中产生的。随着生产力的发展，物品有了剩余，为了计算物品的个数，半坡人用结绳、刻木、摆竹片、堆石子等方法来表示物品的数量，这样数的概念就慢慢萌芽了。

在制造工具时，人们慢慢琢磨出必须将某些工具做成某种固定的形状，这样才能提高工作效率。如：石刀刃必须要平、要锋利；箭头、矛头要尖；箭杆、长矛杆要直、长；陶球、纺轮要圆；镰刀要弯等等，这些现象就是数学中有关直线、曲线、圆以及点、线、面等概念的巧妙运用。

在日常生活当中，半坡人使用最多的就是陶器。人们在制作陶器时也自觉地运用数学知识。在长期的探索中，人们发现在各种周长相等的多边形中，圆的面积最大，耗费同等的材料制成的器皿中，圆的面积最大，能容纳的物品最多。而且，圆形的物品便于人们模仿，也容易制作。彩陶上的装饰图案有很多都是用几何形体来装饰的，折线、平行线、三角形、菱形、长方形、轴对称图形和中心对称图形最为常见。其中三角形使用率是最高的，在很多鱼纹图案中

就有很多是由三角形构成的。有的鱼纹图中有等腰三角形、等边三角形、直角三角形和任意三角形构成，中间有时还穿插一些平行线或斜线，样式新颖别致、简洁大方。

半坡人对数的掌握还体现在房屋的建筑上。半坡人的房屋有圆形的房屋和长方形的房屋。观察这些圆形的房屋，不难发现，这些房屋都呈规整的圆形，反映出半坡人可能已经掌握了用圆心半径来画圆的方法。在长方形的住宅遗址中可以看到房屋内有 12 个柱洞，平行分三排，每排四个柱子，很显然柱栋分布的非常均匀，可看出先民们应该经过了严格的丈量，充分表现出平行、对称的现象。在房屋的制造上，我们的先民们自觉地将直线、直角、平行、对称等数学概念很好地运用到实践当中，这是非常了不起的壮举。

另外，在出土的各种陶钵、陶片和各种装饰品中都能看到原始人对数学知识的运用。在遗址中发现了不少陶环，有的内圈为圆形，外圈为五角形、六角形或者九角形；有的陶环外缘带齿，齿数多达 30 个，这些齿数间距是均等的，反映出人们对多角形和数的认识。

在遗址中还发现了刻画在陶钵和陶片上的一些特殊符号，这些符号有一些就是代表数字的刻划符号。由此可见，早在半坡时期，数学知识就已经在生产生活中被灵活运用了，虽然我们的先民们不懂得这个事实背后的本质原因，但不得不承认数学在这个时期已经萌芽了。

（二）化学知识的运用

早在远古时期，半坡人就已经懂得了鞣皮方法、纤维脱胶方法和酿酒方法。在这些劳动中就有对化学知识的灵活运用过程。

在半坡遗址中我们发现了很多陶锉、陶刮削器、石刮削器，这些工具与我国一些少数民族所使用的熟皮工具极其相像。这些工具可能是我们原始人鞣皮制革的工具。看着这些工具我们可以想象半坡人鞣皮制革的情景：人们先把野兽的兽皮用石片、石刀或者陶刮器把兽皮剥取下来、阴干，然后再通过锤打、喷水等工序使其发酵，存放一两天后，用木刀或石刀将兽皮上的肉刮掉，形成生皮子，再经过烟熏烤形成熟皮子。现在有些地方还保留着这种原始的鞣皮方法。

在遗址中还发现在出土的陶片和陶钵的底部，有很多布纹痕迹。说明人们在制陶时利用麻布垫在陶器的底部，这说明在半坡时期麻布已经不是很珍贵的物品了，人们身穿麻布的衣服也许是非常普遍的现象。当时在半坡村落附近生长着许多荨麻，这种植物纤维柔韧、细长、质地轻、耐腐蚀、散热性好，是织布做衣的好材料。半坡人首先要将荨麻纤维撕劈开，经过水煮提炼、发酵、自然脱胶，最后加工成纱线，再纺线织布。

早在半坡时期，酿酒技术就已经出现了。半坡地区依山傍水，我们的祖先上山采集野果来作为食物的补充，后来人们发现含糖的野果经过自然发酵，会散发出醉人的香气，于是他们开始有意识地利用发酵的野果和谷物酿酒。由于当时技术的原因，半坡人用谷物酿的酒不会得到充分发酵，只能去掉部分淀粉。人们一般会把酒液和酒糟一同吃掉。我们的祖先用自己辛勤的劳动酿出口感香甜的美酒，是一件非常伟大的事情，我国的酒文化在此已经出现了。

（三）物理学知识的运用

在半坡人的生产生活中也同样运用了很多物理学知识，如：人们利用火把水加热产生水蒸气，用这种原理做蒸煮的食物。从此，半坡人不仅能吃上烧烤的食物，还可以吃到在炊具中蒸煮的食物。蒸饭时，将盛有食物的陶甑放置在装有水的陶罐上，盖上陶罐，然后，在罐底架柴烧火，陶甑是古代的一种炊具，下面有许多小孔，水蒸气就是通过这些小孔蒸熟甑里的食物。这有点像我

们日常生活中用的蒸笼。在甑里蒸煮过的食物食用起来比烧烤的食物更加卫生，更具有营养，更有利于半坡人的身体健康，是人类饮食史上的一次了不起的革命。

原始人对蒸汽的认识是社会的一大进步，它使人类向文明社会又迈进了一大步。

利用物理学知识的另一个典型的例子是尖底瓶的使用。尖底瓶是半坡人最常用的一种水器。它的造型简洁大方，它有一个如花苞状的瓶口，口小并内敛，腹大呈圆弧状，腹中腰下向内收敛，尖底，形如梭状，两侧有耳，左右对称，中腹以上装饰着重叠的粗细不同的波浪纹饰，口唇部分也常饰以辐射状的条状花纹。这个水器在使用的时候非常方便而且有趣，当把水器放入水中打水的时候，瓶身接触到水面会自动倾倒，当水灌到一定程度，瓶子会自动立起。这种奇妙的现象是运用了物理学中的重心原理和倾定中心法则。这种现象和尖底瓶造型设计有着直接的关系，瓶口小，运水的时候就不会洒；中腹大无形中增大了水容量；尖底可以分散水对瓶底的压力，装上水的瓶子还可以随意插入沙土地而放置；瓶口和两个耳可以系上绳子以方便运输。

（四）岩石矿物学知识的运用

半坡人在生产和生活中要使用各种各样的工具，这些工具有很大一部分是用石头做成的。在长期的生产活动中，人们不断地认识和探索各类岩石的性能，才能制造更先进的工具进行生产劳动。在半坡聚落附近的浐河河床上有大量从秦岭山脉冲刷下来的大大小小的砾石，这些砾石是半坡人制造石器最好的工具。这些砾石大小不等，品种也很多，有辉长岩、花岗岩、砂岩、石英岩、玄武岩等等。半坡人经过长期的实践对这些岩石的硬度、质地、形状已有相当高的认识水平。他们根据岩石的性能、大小决定把它制造成某种工具。如：人们经常用坚硬的玄武岩、石英岩、辉长岩、花岗岩等制作石斧、石锛、石凿等用力大的劈砍工具；用细砂岩制作砥石等砥磨工具。

在半坡人的生活中，陶器是他们不可缺少的生活用品。我们的祖先在生产生活中不断地摸索和创新，通过长期和泥土打交道，才对泥土的特性有了比较深刻的认识。一抔黄土，一掬清水，几经掺和和揉炼，塑造成型，再经火烧制，就制成了一件陶器。这种通过火的作用，使一种物质变成另外一种物质的过程就是在运用化学原理。陶器的发明不单单只是自然力量的一种巧合，更多的是半坡人集体智慧的结晶，是人类聪明才智的具体表现。

半坡人对天然矿物质的运用还表现在绘画颜料的制作上。半坡人制作彩色的图案，大多数都是黑彩，还有少数是红彩。黑彩是一种含铁很高的红土，红彩是赭石。半坡人在塑造好形状的陶坯上画上美丽的图案并用彩色的颜料加以装饰，再把它们放入窑中烧，经过烧制过的陶器坚硬，上面的图案可长期保存而不褪色。

正是由于半坡人对岩石矿物学知识的深刻理解和他们的勤劳与智慧，我们如今才能看到这么多优秀的作品。

五、西安半坡现状、机遇及挑战

（一）西安半坡博物馆的建立

1958 年，我国政府在考古发掘的基础上建成了中国第一座新石器时代遗址博物馆——西安半坡博物馆。该馆于 1958 年 4 月 1 日正式对外开放，迄今已接待中外游客 2000 多万人。

西安半坡博物馆面积约 4500 平方米，由文物陈列室、遗址大厅和辅助陈列三部分组成。陈列室陈列的是从遗址中发掘出来的生产工具和生活用品，可分为石器类、骨器类和陶器类。其中展出的半坡遗址发现的生产工具，如石器、鱼钩、鱼叉、纺轮、骨针等，从中我们可以了解半坡人当时的各种生产活动状况。另外，陈列室内还展出半坡人生活用品、艺术品及各种发明创造，反映了半坡人对生活和艺术的热爱。此外，除了建造陈列室外，在 3000 平方米的原始村落居住区还盖起了遗址大厅。它是原始村落的一部分，其中展示了半坡人的房屋建筑。从遗址中还可以看到一条长 300多米，深约 5 米，宽约 6 米的大鸿沟，是为了保卫村落和防止野兽袭击的防御工事。遗址中还能看见公共墓地和储藏物品的地窖、公共仓库等等。辅助陈列主要举办一些与史前学相关的专题性展览。此博物馆先后推出过《原始社会发展史陈列》《陕西史前艺术展》《性的自然史》《恐龙古兽化石展》《贵州少数民族节日展》《当代世界原始部落风情展》《陕西民俗美术源流展》《宁夏贺兰山岩画展》等十多个展览，这些展览给中外游客充分展示了西安半坡文化，受到广泛认可和称赞。

西安半坡博物馆以积极保护遗址为前提，依据考古发掘资料，将珍贵的古代遗迹再现于世人面前。它以丰富的内容融科学性、知识性、趣味性于一体，使人们有了一种回归自然、回归历史、回归艺术的真情实感，从而对半坡母系氏族社会有了更加深刻感性的认识。

1994年，西安半坡遗址博物馆被列为陕西省十大爱国主义教育基地之一，1997年6月被中共中央宣传部公布为全国一百个爱国主义教育示范基地之一。1997年6月被西安市民评为十大旅游景点之一。

(二) 西安半坡的机遇和挑战

经过50年的风风雨雨，今日的西安半坡已经有了长足的进步和发展。西安半坡博物馆以全新的面貌向世人开放，1997年6月被西安市民评为十大旅游景点之一。今日的半坡以旅游参观的形式接待四方来客，让更多的人了解半坡，了解文物知识，让人们热爱文物、热爱历史、热爱我们伟大的祖国。

我国著名的考古学家、半坡遗址发掘主持人石兴邦先生在参观氏族村后，激动地对员工说："这么多年来，我一直梦想的事情，今天在你们手中变成了现实，……你们对人类考古事业作出了巨大的贡献。"著名秦汉考古专家、兵马俑博物馆馆长袁仲一先生也说："你们把死的东西变成了活的，为史前实验考古的研究提供了一个重要的场所……"

正如两位先生所说的，半坡博物馆正以一个崭新的面貌向人们述说着一个古老的故事，让人们更加了解我们的西安半坡文化。半坡博物馆为了更好地宣传半坡文化除了做文物陈列展外，博物馆还同高等院校合作，拍摄了许多电影电视专题片，从多个角度来展现半坡文化的深厚内涵。先后拍摄的作品有《历史唯物主义的见证》《为了文物的明天》《远古的梦》《半坡遗址》《艺痕》《西安半坡博物馆》等等。此外，半坡博物馆的工作人员编写了《半坡史前文物精华》《西安半坡》《半坡遗址》《陕西的远古人类和

西安半坡遗址

文化》《华夏史前文明》等十多种图文并茂的通俗读物。50年来，在整理大量考古资料的基础之上，半坡博物馆在科研上取得了累累硕果。从20世纪70年代至今，专业人员已发表专题研究成果约300篇以上，研究内容涉及面很广，涵盖了史前文化、社会性质、婚姻形态、生态环境、农业起源、风俗习惯、遗址保护、原始艺术、刻画符号、人类体制等方面。半坡博物馆于1983-1987年创办了《史前研究》杂志，还编辑出版了5本《史前研究》论文集。在这众多的科研成果中，其中有十多项获得陕西省和文物系统社会科学学术研究优秀成果奖。所有这些成果对弘扬民族文化，激发人们的爱国主义精神起到了积极地宣传作用。

在改革开放的今天，面对更多的机遇和挑战，半坡博物馆应该以怎样的面貌展现在世人面前。首先，要抓好基础建设，保护大厅建设，要设计出高品位的陈列展览。展厅将以更加新颖的方式、丰富的内涵，将科学性、知识性、趣味性有机地融为一体，把半坡遗址更加生动地展现给观众，使半坡博物馆成为高雅的文化艺术殿堂和休闲娱乐圣地。另外，要做好遗址的保护和宣传工作，积极组织科研建设，重视人才培养等等。

有关专家和上级主管制定了半坡博物馆长远发展总体规划（即三区一点）："未来的半坡将会有充满史前文化氛围，具有史前建筑特色，而又具备现代化功能的新的遗址大厅、陈列展厅；具有史前特色而又适合现代人步行保健的路面；展区内四季常青，展览区内三季有花；具有现代化安全报警系统；与国内外联网的计算机管理系统；办公学习条件舒适，建筑面积4000平方米的办公区；人人方便，环境优雅的住宅生活区，及品位高、上档次的人文景点。"

半坡博物馆面对机遇和挑战必将以更新更好的姿态成为21世纪文化领域的先锋，展现在人们面前的必将是一个全新的半坡。

河姆渡遗址

    河姆渡遗址是世界闻名的新石器时代遗址，遗址总面积约四万平方米，堆积厚度四米左右，上下叠压着四个文化层，其中，第四文化层的时代，距今约七千年，是我国现已发现的最早的新石器时代地层之一。第三、四文化层保存了大量的植物遗存、动物遗骸、木构建筑遗迹和构件，以及数以千计的陶器、骨器、石器、木器等。1982 年国务院公布河姆渡遗址为全国重点文物保护单位。

河姆渡遗址

一、河姆渡遗址的地理位置

河姆渡遗址位于浙江省余姚市，它东临宁波，西接绍兴，南依四明山，北临杭州湾。传说中的舜曾在这里驻足，王阳明、黄宗羲两位思想家也曾到过这里。

河姆渡遗址西距余姚市区 24 公里，东距宁波市区 25 公里，离东海也仅数十公里。现属余姚市河姆渡镇，已建设成河姆渡遗址博物馆和遗址生态与发掘现场模拟展区。当年发掘时，从市区到遗址，交通十分不便，乘客运汽车或火车加上步行，至少需要半天。令人难以想象的是，在历史上，河姆渡曾是东南沿海的一个重要门户和交通驿站，渡口和集市曾经也非常热闹，位于它东面 3 公里的城山渡是春秋时越国海防要塞句章城旧址，其西 3 公里的车厩还是越国囤积粮草军马的后方基地。

河姆渡遗址处于四明山脉北麓低山丘陵和姚江河谷平原的过渡地带，地势南高北低。河姆渡村东南芝岭山谷下流淌着一条小溪，它源于四明山区，自南向北注入姚江；自西向东流淌的百里姚江横贯遗址南部，碧绿的江水、四周青翠的田野和山陵一起构成了一幅美不胜收的山水画。遗址东面约 2 公里沿姚江分布有门前山、葛山、牛粪岭、羊角尖、白湖岭等一大片低山丘陵。遗址区及北侧平原地势低平，地表平均海拔高程约 2.3 米，距遗址 3 公里左右的耕土层下，有大片厚薄不一的泥炭层。遗址的西部有一座海拔仅 9 米左右的小石山，当时河姆渡人即依山聚居于小山坡的东边和北面。地势由西向东略呈缓坡状。遗址分布范围长宽均 200 米左右，总面积约 40000 平方米，文化堆积保存良好。这就是距今七千年前河姆渡人繁衍生息的家园。

"河姆渡"这个名称，初听起来让人感觉很熟悉，但又有些陌生。"渡"就是用船过河的渡口。据学者最近考证，"河姆"两字的确切写法应该为"亥木"。河姆渡村是河姆村和渡头村的合称，均位于风景如画的四明山麓的宁绍平原，流经平原的姚江将河姆村与渡头村一分为二。河姆渡村原称黄墓市，这个名字的由来，首先跟秦末汉初一位叫夏黄公的隐士有关。《史记·留侯世家》中记载，秦朝末年，夏黄公与东园公、角里先生、绮里季三位名士一起隐居于南山，四个人都八十多岁，鹤发童颜，声名远播，因而在历史上留下了"商山四皓"的美名。其中，夏黄公是最德高望重的，后来因为不满朝政，躲避在甬东，死后被安葬在姚江南岸的覆船山。后世慕名来拜祭的人络绎不绝，此山也渐渐被称为黄墓山。自汉朝以来，这里再一次热闹繁忙起来，成为山民、商贾往来的必经之地，黄墓市之名也渐渐传遍四方。后来，为方便跨江往返的百姓，在姚江北岸设立渡口，名为"黄墓渡"，渡口凉亭内一块清乾隆五十一年立的"黄墓渡茶亭碑"可以作证。因为这个地方临近姚江，加上当地方言中"黄墓"两字的发音与"河姆"相近，长期以讹传讹，到清末，"河姆渡"这个不同寻常的名称也就习惯成自然地传开了。

河姆渡遗址

二、曲折神奇的发现过程

（一）历史竟惊人的相似

　　18 世纪中叶的一天，一群意大利农民在维苏威火山脚下费力地开挖一条水渠，却意外地从泥土中翻出了闪闪发亮的金币、陶器和雕琢过的大理石碎块，

由此揭开了持续至今的长达几个世纪的疯狂掘宝活动和大规模的科学考古工作的序幕。在此期间，既有人在古罗马的废墟上一夜暴富，也有人从业余的盗宝者锻炼成名垂青史的职业考古家，更使千年庞贝变为考古和旅游的圣地。

　　河姆渡村的北边有一条叫姚江的大河。1973 年 6 月，白天烈日炎炎，晚上蚊子肆虐。村民们计划在雨季到来之前，在一个低洼处建排涝站，就在挖到 1 米多深的时候，遇到了麻烦。在挖出的湿软淤泥中夹杂着很多"石头、瓦片、骨头和木头、树枝条"等黑糊糊的东西。由于杂物太多，影响了施工，但这也引起了当地人们的议论和猜测。当时河姆渡村所属的罗江公社的副主任罗春华在检查施工进展时发现了这一特殊情况，他发现这些碎石块好像是有人加工过的，具有一点相关知识的他马上意识到这些是古代文物，并在现场作出妥当的安排，同时尽快把这个消息报告给了余姚县文化主管部门，随即，消息又汇报给了浙江省文物管理委员会。省文物部门领导马上通知正在宁波出差的工作人员顺便带一些刚出土的文物标本回杭州。看了令人惊讶的实物以后，他们当即拍板派人火速进行考古试发掘。稍作准备之后，由省博物馆汪济英等专家组成的"抢救"小组赶到了 100 多公里外的施工现场。如果换成现在，这么近的距离，一两个小时就可以到达，可在 30 年前，却花了整整一天。光是从余姚县城到工作现场这短短的 30 公里路，由于错过班车运营时间，最后他们还是通过关系，借助了一辆消防车，终于在傍晚前赶到了那里，晚上，还投宿在当地百姓家里。此后，

考古试掘进行了近一个月，大家顶着火辣辣的太阳，并忍受着晚上蚊虫的叮咬，很快获得了激动人心的初步结论。即该遗址有上、下两个文化层，含红色陶器群的地层叠压含黑色陶器群的地层。在下文化层中获取的一百多件骨、石、木、陶质的器物，其基本特征有别于已见的长江下游新石器时代的文化。这批貌不惊人的陶器、石器、骨器和木构件向人们传达出发现于浙江境内已知最早的新石器时代遗址的重大喜讯。试发掘之后，现场被很好地保护起来，据此而开展的正式发掘论证也紧张地运作起来了。

（二）河姆渡文化遗址的正式发掘

1973 年 10 月，国家文物局批准了河姆渡遗址的发掘。在各方面的重视、支持和配合下，很快组建了一支浙江历史上阵营空前的考古队。当年 11 月，开始了对河姆渡遗址大规模的科学发掘。

挖掘工作开始不久，考古人员发现了一些木头，这些木头虽然已经槽朽，但还能清晰地看到人为加工过的痕迹。经过清理，考古人员发现，这是一口水井，井深有 1.4 米。由于这口水井的出现，考古人员推测，这个地方可能不仅仅是几个墓葬遗址，很可能是古人类居住的村落。

在距离地面 2 米深的地方，考古人员挖掘出 11 座墓葬和 3 个灰坑，还有大量的陶片、石器。他们继续向下挖掘，在这个文化层仍然有一些陶器出土，只是在这一土层没有发现红陶，大部分是灰黑色夹砂和夹碳的陶器。这些陶器的质地比较粗糙，从表面留下的痕迹，专家判断它们应该是在距今 6000 年左右加工出来的。这是新石器时代人类在这里生活的重要证据。

当考古人员挖掘到距地面 3 米深的地方，发现了一些奇怪的东西。在黑褐色的土层中，闪出了一些金黄色的小颗粒，但是很快就变成了泥土的颜色。考古人员拣起混在泥土中的褐色颗粒，经过仔细辨认，他们几乎无法相信自己的眼睛，这些东西居然是碳化了的稻谷。

河姆渡遗址

考古人员甚至不敢相信这些稻谷会在距今6000年前的地层中被发现，它们真的在地下埋藏了6000年吗？难道新石器时代在这里生活的河姆渡人就开始种植水稻了吗？

在这个土层下，不断地有混在泥土中的稻谷被发掘出来。如此大量的囤积，为考古人员提供了重要证据。6000年前居住在这里的古人类当时已经发展到能够熟练掌握水稻种植技术了。

在离稻谷不远的地方又有了新的发现，泥土中出现了许多骨制的东西。在这些出土的骨制品中，他们发现其中的一件上面还缠着葛藤，这正是河姆渡人的生产工具——骨耜。河姆渡出土的骨耜，是中国目前发现的最古老的骨制农具。

大量骨耜的出土，向今天的人们呈现出这样一个事实，6000多年前的河姆渡人，已经脱离了刀耕火种的耕作方法，进入了耜耕农业阶段。

接下来的发现让人费解，考古人员发现了一些木板和木桩。在这些木桩和木板的两端，居然出现了榫卯的痕迹，6000多年前的河姆渡人已经发现了在木桩和木板上分别凿出榫卯，可以使木桩和木板牢固地连接在一起，他们将石头加工成锋利的工具，再用这些石制工具去加工木材。今天这些石制工具依然非常锋利。考古人员将这些木板、木桩及木构件进行复原。展现出当初的建筑形式。中国的建筑专家将这种地上架空的建筑称之为"干栏式建筑"。他们从中国"有巢氏"的传说推断，河姆渡人的干栏式建筑是原始人从树上的巢居向地面居住过渡的一种建筑形式。在木桩和木板附近，考古人员还发现了一些用芦苇编织的席子，这些苇编与今天当地人日常生活中使用的苇编，从图案到编制方法几乎完全一样。

对河姆渡出土文物的碳十四的测定也有了结果：河姆渡遗址叠压着四个文化层。最上面的一层已有4700年；第二层有5800年；第三层和第四层距今6210年到6950年。在河姆渡遗址发现之前，几乎所有的出土证据都表明，中华文明在公元前3000年诞生于黄河流域。河姆渡遗址的发现，为中国史学界和

中国古代遗址

考古界提供了一个依据，那就是中华文明的起源，不仅仅局限于黄河流域一个地方，长江流域也是中华文明的重要发源地之一。

生活在七千年前的河姆渡人不可能留下文字的记录，但从他们留下来的140多件骨制品、大量的石制品和陶器中，我们试图一点点地解读他们在七千年前的生存状态。

河姆渡遗址分布范围东西长约200米，南北宽200米左右，总面积约40000平方米，这里地势低平，地表平均海拔高度为2.3米左右。

从出土的大量野生果实来看，这里以前生长着茂密的森林，有许多野生果实可以供河姆渡先民采集。

就像古埃及人用绘画记录他们的生活一样，河姆渡人将他们劳作生活的片断记录在了陶器上。他们除了掌握水稻种植技术以外，也已经开始驯养家畜。

河姆渡发掘出的61种动物骨骸，分属于34个种属。它证明7000年前，这里气候温暖湿润，这种地理状况和自然环境是动植物生长的天堂。河姆渡人正是选中了这样一个天堂，在这里繁衍生息。

（三）科学检测年代

经过科学家的推算，河姆渡文化遗址是距今大约4000至7000年前的新石器时期。这么久远的年代科学家是怎样推算出来的呢？这是利用了国外科学家的科学研究成果，在20世纪40年代末期，美国科学家根据古代遗物中放射性碳元素的半衰期（5730年）原理发明了碳-14年代测定技术（经过5730年后原来碳-14的含量只剩下一

半了，再过5730年后就只剩一半的一半，依据这一原理，我们就可以根据死亡生命体内碳-14的含量得出其死亡的年龄）。这种技术很快应用到考古发掘的过程中，我国的考古发掘也充分利用这一科学成果，成功的检测出距今数千年前的古代文物的年代，真正体现了科学无国界，河姆渡文化遗址就是充分利用

了这一科学方法，考古科学家们将考古发现的文物交给中国社会科学院考古所实验室和北京大学考古实验室用碳－14方法分别做了年代检测，检测出不同层面、不同阶段发掘的文物的年代，大约都是在距今4000至7000年左右。

这个考古成果震惊了整个考古界，使人们知道在我国东南地区也有这样历史久远的文化遗址。可以与山东的仰韶文化，陕西的半坡文化相媲美。

（四）河姆渡博物馆的建立

河姆渡遗址博物馆于1993年5月落成开放，由时任中共中央总书记、国家主席江泽民题写馆名。博物馆坐落在风景秀丽的四明山北麓，博物馆占地面积60亩，由文物陈列馆和遗址现场展示区两大部分组成。文物陈列馆紧邻遗址西侧，占地面积16000平方米，主体建筑面积3200平方米，由6幢建筑组成，单体之间用连廊相接。建筑造型根据河姆渡7000年前的"干栏式"建筑风格，"长脊、短檐、高床"的特点而设计，构筑出高于地面的架空层，人字形坡屋面上耸起5-7组交错构件，象征着7000年前榫卯木作技术，再配以土红色波纹陶瓦、炒米黄色面墙砖，显得原始、古朴，与河姆渡文化融为一体。序厅屋面形似展翅翱翔的鲲鹏，表现了河姆渡先民爱鸟、崇鸟的文化习俗。

博物馆内设3个基本陈列厅和1个临时展厅，共展出文物400余件。

第一展厅为序厅，以序言、照片、图表、模型、文物概括地介绍了河姆渡文化的基本情况。其展出的两个完整的人头骨和复原的头像，让观众见识到我们远祖的模样；七千年前河姆渡生态环境的模型，形象地再现了7000年前河姆渡先民过着定居生活，从事农业、狩猎等生产、生活场景，惟妙惟肖，栩栩如生。

第二展厅"稻作经济"，反映稻作农业及渔猎采集活动。展出的实物有7000年前人工栽培的稻谷及照片，稻谷芒刺清晰，颗粒饱满，令人叹为观止。

中国古代遗址

此外展出的还有骨耜、木杵和石磨盘、石球等稻作经济的全套耕作和加工工具。带炭化饭粒的陶片和以夹炭黑陶为主的釜、钵、盘、豆、盆、罐、盉(古代温酒的器具，形状像壶，有三条腿)、鼎、盂（盛液体的敞口器具）等饮器、贮器，说明早在7000年前我们东方民族的饮食习惯已基本形成。河姆渡先民发明了农业以后，生活状况有了根本改变，但还是不能满足他们的生活需要，从这里陈列的骨哨、骨箭头、弹丸等渔猎工具，以及酸枣、橡子、芡实（一年生草本植物，生在水池中，全身有刺叶子圆形，像荷叶，浮在水面，种子可以食用）、菱角等丰富的果实来看，证明渔猎和采集仍是河姆渡人不可缺少的经济活动。

　　第三展厅反映河姆渡人定居生活和原始艺术两个内容。此处陈列着被称为是建筑奇迹的带有榫卯的干栏式建筑木构件和加工工具。此外，陈列的还有种类繁多的纺织工具，展示了当时成熟的纺织技术。在生产和生活领域里创造了许许多多奇迹的河姆渡人，以其精湛的雕刻工艺，生动逼真的陶塑，优美的刻划装饰与绚丽的绘画，创造了辉煌的原始艺术，展现了河姆渡先民丰富多彩的精神生活。展出的以象牙、骨、玉、石、陶、木为材质的文物，给我们留下了许多构思奇巧、寓意深远的艺术作品，那种讲究对称、追求平衡的审美意识和整齐、稳重、沉静的艺术作品，令人赞叹不已。在众多艺术品中，尤以象牙雕刻物件最为珍贵，其中就有作为遗址标志的"双鸟朝阳"蝶形器。

河姆渡遗址

三、河姆渡人创造了人间奇迹

(一) 独具特色的生活环境

　　河姆渡文化遗址有着独特的存在环境，从河姆渡遗址考古发掘获得的大量的新石器时代文物和遗存中，大部分都保存比较完好，能够再现历史原貌，而与之相比，其他地区的新石器时期出土的文物就没有河姆渡遗址保存的完好，

为什么处在同时期，有这种差别那？主要原因就是河姆渡遗址所处的地理位置，河姆渡遗址是在我国长江下游发掘的，位于我国沿海地区，常年多雨，据科学家研究发现，在大约距今 4000 至 7000 年前的河姆渡时期，江浙地区的天气状况要比现在还要潮湿，这种气候及地理位置有利于文物的保护。在考古发掘中，好多遗物都保存完好如初。特别是如稻谷、稻秆、稻叶、谷壳、木屑、芦苇及其编制物、绳子、各种植物茎叶、果实等，多数色泽新鲜，几乎无法相信它们是数千年前的物品。也许大家会有疑问了，阴雨连绵，

潮湿的天气不是会导致器物生锈，被腐蚀坏掉吗？又怎么会有利于文物的保存呢？其实在多次的考古经历中，考古学家已总结出了宝贵的科学经验，那就是，出土文物保存非常好的往往是两类地方。一类是环境极其干燥的沙漠，那里空气中和地层土壤里几乎不含水分，这就阻隔了细菌繁殖的条件；另一类是地势比较低的南方地区，那里水分丰富，常年侵蚀着泥土，同时紧密的包裹住了这些地下文物，这就很大程度上的隔绝了空气中的氧气，而氧气是细菌繁殖所必需的，这样就阻隔了细菌繁殖的条件。所以，河姆渡遗址中能够出土大量保存完好的文物。

（二） 令人惊讶的稻作农业

我国从古至今一直是以农业立国的，当今中国十三亿人口有八亿在农村，从事农业生产，在原始社会时期，先民们就开始了原始农业的种植，他们已经懂得刀耕火种的道理了。刀耕火种就是指先用石斧砍伐地面上的树木等枯根朽茎，草木晒干后用火焚烧。经过火烧的土地变得松软，不翻地，利用地表草木灰作肥料，播种后不再施肥，一般种一年后易地而种。正是由于采用了刀耕火种的这种原始种植方式，古代先民才能够过着较稳定较长久的定居生活，不然，或许他们还要扶老携幼，一群群地四处飘泊，随地而安呢！这是河姆渡文化前期的人们所采取的农业种植的方式。随着社会生产力的发展，河姆渡先民充分认识到河姆渡良好的生态环境对发展水田稻作农业是非常有利的，于是发明了骨耜一类翻土的工具，对土地进行深加工改造，摆脱了砍伐树木、烧光杂草刀耕火种的农业阶段，进入到了用骨耜来进行农业生产的阶段。

此外，还在出土的陶器、骨器或木器上发现刻有稻穗，沉甸甸的稻谷向两边下垂的图形，这充分地证明此时期我国的稻谷种植是比较发达的，正应了那句话：艺术源于生活，高于生活。

距今六七千年之前的河姆渡遗址稻谷遗物的出土证明了我国是最早种植水稻的国家。在远古时期最初人们并不懂得人工种植农作物，人们主要靠打猎和野外采集为生，但是打猎和野外采集有太多的偶然性，如果天气不好，或是附近的猎物和植物采完了，就需要走很远，或者可能挨饿没有植物下肚。古人也是很聪明的，他们在慢慢地摸索，古人无意间将剩下的食物残留倒在屋外，竟发现能够长出植物来，就这样慢慢地古人从最初的野外采集发展到人工种植，种植的植物种类也逐渐增多。水稻的种植也是从最初野生水稻发展演化而来的，最近，日本学者利用电镜扫描技术对河姆渡炭化稻谷进行了属性识别，发现了四粒普通野生炭化的稻谷，进一步证实

河
姆
渡
遗
址

45

在七千年前的河姆渡村落周围也生长着普通野生水稻。在河姆渡遗址中发掘的稻谷经科学家检测是籼稻，这种水稻在之前一直被科学家认为是从印度传到我国的，河姆渡稻谷遗物的发掘出现，充分证明了此种水稻是原产于中国的。

（三）继承传统的取食手段

由于古人的生存环境是极其恶劣的，带有很多的不确定性，因此虽然此时期有人工养殖和种植，但是野外采集，渔猎也还是大量存在的。

由于河姆渡人生活在温暖湿润、动植物繁生的地区，周围满山遍野是野果

子，时常还有野兽出没。虽然他们以人工种植的水稻作为主要的食物，但是由于天灾人祸的不确定性和农业生产的季节性因素，也常常会有挨饿的可能。所以采集、渔猎还是古人获取食物的主要手段。在考古发掘中出土的大量遗物中，动植物遗存数量很多、种类也很多，反映了采集、渔猎是非常频繁的。

在考古发现中发现了一些果核、硬壳等，还有少量的采集工具，采集工具比较少，这可能与采集一般直接用双手来进行有关，不过见到了一些用鹿角简单加工而成的钩子，作为延长人手的工具。在河姆渡遗址发掘出土的植物有橡子、南酸枣、菱角等，这些野果的籽粒在遗址中出土是一堆一堆的，这说明当时先民大量地采集食用野果。除此之外，还出土了大量的树叶片，这些树叶主要的功效是驱除蚊虫，祛病止痒等，说明我国先民早就懂得从自然界中提取药材来治病疗伤了。

在河姆渡遗址北面有很多沼泽、湖泊，这可以为远古先民提供充足的水生动物资源。在考古学家发掘出土的动物遗骸中，有大量鱼类动物的遗骨，此外还有龟类，仅龟类的遗骸就有一千九百七十多个。从中可以推断出当时人们食用的主要肉类是鱼类。捕鱼必须需要一定的工具，那么先民是采取怎样的方式

中国古代遗址

呢？从考古发掘中出土了捕鱼用具，有鱼镖、骨镞、网坠等，网坠的出土说明先民当时还采用结网捕鱼的方法，但是数量非常的少，从中可以推测这两样工具不是主要的捕鱼工具。依据现在部分少量民族还保留着的原始捕鱼方式来推断，当时的人们主要是用弓箭来捕鱼的，此外还有一种方法就是徒手摸鱼，据说古代彝族人就采用这种方法。

在遗址附近还有密林及灌木，这就为先民提供了丰富的陆生动物资源。古代先民多采用弓箭来射猎动物，在河姆渡遗址中出土了大量用于射箭的箭镞，相当于手枪用的子弹，一共大概有一千七百件之多，像鹿这一类抵抗能力较弱，数量比较多。从河姆渡遗址出土的大量鹿的遗骸可以断定，鹿曾经被大量食用。出土的大型凶猛动物，像犀牛、象、虎、熊的骨骼数量很少，主要是因为这些动物不容易被捕杀，并且极具攻击性。在河姆渡遗址中还出土了大量用石头和陶器做成的圆形物体，经考古学家鉴定可能是当时先民用这种球体来射杀鸟类，类似于过去小朋友用的弹弓，先民将鸟的肉食用，而羽毛用来做装饰品，爱美之心人皆有之，古人也喜好把自己打扮得漂亮，并且这种类似于弹丸的射猎工具不会在鸟的身上留下血迹，弄脏了美丽的羽毛。

（四）品种繁多的陶器

陶器的发明是我国古代先民的重要贡献，展现了先民的聪明才智，可以说是一项伟大的创举。陶器的发明是古人在日常生活中逐渐摸索出来的。在众多纷繁复杂的河姆渡遗址出土物品中，最能够反映其文化面貌及器物工艺的物品就是陶器。通过河姆渡人制作的陶器我们可以看到先民丰富多彩的生活，在两期的考古发掘中出土了 1807 件完整的陶器，另外，还有数十万的陶器碎片，考古发掘工作者每翻动一小块土，就会碰到陶器遗物。

陶器的制作工艺要比木器、石器、骨

器复杂，在河姆渡遗址发掘出陶器的不同时期，也就是河姆渡文化的不同阶段，所出土陶器的质量、做工也是不同的，第一期出土的陶器文物是属于做工比较粗糙的，在这个遗址中出土的陶器全部是手制的，器壁厚薄不均，色泽不均匀，制作较粗糙，常有歪、斜、扭、偏等现象，反映了制陶工艺的原始性。在第一期出土的文物陶器中最有代表性的是"夹炭黑陶"，那么夹炭黑陶是不是在陶器中夹了炭呢？其实不是这样的。这就要从制陶的方法来看，首先要选取合适的泥土，对其进行加工处理，在泥土中加入一定比例的水，有的还需要掺进沙子、植物碎末等进行调和，之后用手捏制或在转轮上直接用拉扯等方法制作所需要器物，最后把它们放到陶窑中用火烧制。这就是整个制陶的过程，其实制陶的关键是对陶器用土的选择，并不是随便用什么土都可以的，需要选用粘稠性较好的土制，这样烧好的陶器才会结实耐用，古人也知道在土中加入不同的物质可以增强泥土的耐用性，在早期的制陶过程中，大多在陶土中掺入多少不一的稻叶、谷壳类碎屑。这样的陶胎（没有烧制之前的陶器）经过火烧，其中掺和的料都被烧成炭了，陶器整体自然呈乌黑色，这种陶器具有耐用、美观等特点。夹炭黑陶的名字就由此而来。这是第一期陶器的代表。第一期出土的陶器还有一个特点就是陶器外面的花纹样式比较繁多，以几何图案为主，偶尔还会见到动植物图样。几何形图样主要有弦纹、短斜线纹、谷粒纹等，主要刻划在器物的颈部、口沿部位，在少量精致器物，如盆、钵的腹部上，还会特意刻划一些动植物的图像。

在第二期出土的陶器，制作工艺有了一定程度的进步，但是变化不大，这个时期仍然还是使用手来制作的，在制作的形状上有了一些变化，在陶器的外面的花纹变得简单了，不再像第一期出土的陶器文物那样复杂的花纹了。

之后又有第三期和第四期出土的陶器，还都是手工制作的，变化的趋势主要在陶器的花纹上，而且颜色更加的素气，第三期以后的陶器已经逐步定型了，造型也是较为规整的，很少见到歪斜扭偏的现象。第四期出土的陶器种类更加多样，不过完整的陶器较少。

陶器的种类也是多种多样，依据用途的不同，主要分为用于生活中的日用品、装饰品、劳动中的工具、工艺品等。在日常生活中陶器起到了不可或缺的作用，如乘装食物、存储饮用水、烧煮食物等等。根据器物的不同用途，制作出各式各样的器皿。盛储器有盆、盘、钵、罐等，并对多数器物的表面制作的特别光洁美观。但是有些陶罐的表面是显得比较粗糙，在成形的时候随便地涂抹一番，光洁度比较差，颜色也不漂亮，鲜艳，这说明先民对这类陶器的使用目的和烧制技术要求不高，这可能与陶器的被用来接水和储存杂物有关。

在先民逐渐掌握了比较娴熟的制造陶器的工艺后，在制造实用容器外，也开始模仿动物的形态捏塑陶制品，在河姆渡出土了不少单独成器的动物形和玩具性质的捏塑件。他们多数表现的是生活中的闲情逸致和一定的审美情趣。

河姆渡人用他们的聪明智慧，早在七千年前的新时期时代创造出了一直沿用至今的制造技术，令我们当代人为之惊叹。

（五）简单原始的编、纺织品

由于保存的难度大，河姆渡遗址中发掘中并没有出土任何纺织品实物，但是有关纺织和缝纫的生产工具却发现很多，如刻有编织物和蚕形图案的骨质匕首及象牙制品等。

在考古发掘中，在深层地下中出土了多段粗细绳索。粗绳一般由两股类似麻类纤维搓合而成，细绳直径约两毫米。这些绳索与当今的一模一样，难以让人相信它们是七千年前的人所为。

除了出土了植物类纤维搓成的绳索以外，还出土了一些鲜黄的芦苇片编织物，在当时很可能是用来作为地板和房顶的铺垫。

在河姆渡遗址的两次发掘出土的用于

纺织的工具也是很多的，主要是纺轮和骨针，尤其是纺轮数量最多，大小不一，样式也非常多，有算珠形、饼形、圆台形等等。在河姆渡遗址出土的一个象牙制品上刻着蚕形的图案，从这考古发现中我们知道从河姆渡人开始了我国用蚕来吐丝，用丝来纺纱，用纱来织布的历史，自古以来杭州地区就是我国重要的丝绸产地，以生产品质上乘、样式繁多而闻名于世，而且丝绸也成为馈赠亲友的佳品，每去杭州，丝绸制品都是游客必选的物品。此外在河姆渡遗址中还出土了一些原始的织布机的零部件，这表明河姆渡先民已经发明了织布机，这是一种一端固定在木桩上，一端固定在人腰部的手织机，尽管极其原始，但是表明先民已经掌握了制作织布机的基本原理。今天，有的少数民族地区仍然在使用这一样式的简易织布机。精致的骨针和简易的织布机，表明河姆渡人已经摆脱了以树叶、兽皮简单着装的时代，而且很可能开发出厚实的麻布、柔滑的丝绸等多种多样的衣料缝制而成的衣服，过上了温暖、舒适的生活。

四、独具特色的文化遗存

(一) 简洁实用的建筑

人们的生活离不开"衣食住行",而"住"是人能够维系生存的一个重要的基本条件。正如一句戏词中唱到的"寒窑虽破能避风雨",在遥远的河姆渡文化时期,先民同样也非常注重这一点。中国古代文献中有这样一句话"北方穴居,南方巢居",依据考古发现,史前时期我国北方居民居住在岩洞居、地穴居及半地穴居,还有窑洞居等多种类型,而在南方具有特色的房屋是巢居和"干栏"居。

南方潮湿多雨,并且天气比较闷热,河姆渡遗址又临近沿海地区,这样的天气决定了河姆渡先民需要建造隔潮、通风效果好的房屋。河姆渡先民修建的房屋中最具代表性的,就是木栏式建筑,随着河姆渡先民逐渐地掌握了水稻等农作物的栽培技术,河姆渡人的生活逐步安定下来,过上了定居生活。河姆渡人为了适应环境,创造出了一种在当时条件下非常实用的居住样式——干栏式建筑。这种房屋的特点就是将很多的木桩下端密集地深深打入地面,在这些密集的桩上建上房子,类似于平地搭建起来的小阁楼,建筑用的材料主要是木材和茅草,木头之间采用的榫卯的建筑手段,这种技术手段的具体形象从两个字就能明白,就是"凹""凸"两个字,将这两个字对在一起,就是榫卯原理的应用。木栏式的建筑形式在现在我国南方的一些少数民族地区也还是存在的,这主要与当地阴雨连绵、潮湿的地理环境有关,如广西的侗族、黎族和云南的景颇族等少数民族的村寨。

在河姆渡遗址中出土了大量的

河姆渡遗址

木结构房屋建筑的遗存，这说明先民对木材的使用是比较广泛的，木头一直是人们用来建筑的主要材料，古代先民用的也是得心应手，那么在史前那样简陋的条件下，先民是怎样加工那些木构件的呢？在考古发掘中发现的都是最终加工完成的成品构件，至于加工的过程是无法从发掘中了解到的，只能通过现在

一些少数民族仍然保留的传统制作木结构的方式去推理。主要步骤分为三步。

第一步，就是到山中去砍伐树木，选取那些比较直，容易处理的树木，并且依据在实践中不断地摸索，知道什么样材质的木料，适合做什么木构件。选好树木之后，就用石斧砍倒大树，在金属工具没有出现之前，石制工具是主要的工具，石斧应用的范围是非常广的，而在采伐树木时唯一适用的工具就是石斧。树木砍倒落地之后，再就是裁剪掉树枝和树尖，剥掉树皮，制成木材，之后将整根木头运到目的地。

第二步，就是根据最终的目的，将整根木头砍成所需要的板材或者段材，成为将要制成的木结构物品的组成零件。

第三步，在已经整理好的木板或者段材上，打上榫卯，以备接下之用。

第四步，将已经打好榫卯的木板或木段组装起来，在制成的木构件外面刷上颜料，使木构件更加漂亮，以及耐腐蚀。

总之，在六七千年前的南方史前社会已经发展到一个很高的水平，但是这种发展需要经历一个漫长的摸索过程，古代先民用他们的智慧，总结经验，不断突破创新，将木结构建筑不断地发展。

掌握用于建造房屋所需要的主要材料的处理方法之后，先民就开始着手建造房屋了，那种"木栏式"建筑的样式是不是一成不变的呢？是不是自始至终都是一种模式的呢？其实并不是的，世界上任何事物都不会长久地保持不变，有的甚至会变得面目全非。"木栏式"建筑就经历了一个变化的过程。

最初的建造是比较简单的，在建造的房屋下面打上很多的木桩，这样相对来说比较容易，但是有承重力小、使用年限少、牢固程度差的缺陷。打完桩之

中国古代遗址

后，在桩木上建大小梁来托住地板，这样就构成了架空的建筑基座，之后再在上面建像草帽形状的屋顶。这就是相传至今的木栏式建筑的典型形式。这种木栏建筑的遗址很多，如云南剑川海门口、广东高要茅岗、湖北圻青毛家嘴等遗址都曾发现过各种不同规模的干栏式建筑遗址，这些遗址出现的年代都要比河姆渡遗址要晚，但是建筑技术水平却远不如河姆渡遗址。正是由于有了聪明的河姆渡先民采用的榫卯技术，才有了之后的房屋建筑模式，所以，河姆渡遗址中的榫卯技术，是中国乃至世界建筑史上的宝贵财富。

以上是第一阶段发现的木栏式建筑的样式和特点，但是经过几百年的发展演变，到距今六千年左右，发生了一次叫做卷转虫式的海侵，使浙东平原成了浅海，杭嘉湖平原只剩下一小部分，太湖一线以东全被海水席卷，杭州市区是个海湾。海侵的结果，迫使一部分原始居民后退到会稽、四明、天台山，一部分迁散到浙西和江苏南部丘陵，一部分逃移到了海岛上。当时的地理生态环境也发生了变化，气候条件趋向干旱，于是他们对房屋建筑样式也进行了改进，在考古第二期发掘的遗址中木桩变粗了，但是房屋下的木桩变少了，在木桩下面挖了很深的坑，加大了木桩的稳定性，这样的建造模式更加稳固了。在木桩之上还是先安装横梁之后再安装地板。

第三、四期出土的房屋比较少，变化就是原来腾空的房屋，在此时期变为直接着地的状态。也就是不再架空，由于此时期生态环境的变化，这时期建房用的木材不再像之前的那样粗大，柱子显得比较小，在柱子和柱子之间用树枝或灌木联结起来。

考古发现河姆渡先民还发明打井的方法，并出土了很多井的遗迹，在河姆渡遗址第三期出土的木结构水井，是我国有关考古发掘出土井中年代最早、结构保存较完整的，河姆渡水井的结构是四周由四排桩构成一个四方形井栏，并设有加固的井架。在井的遗址中发现了四个罐，这也有可能是用来从井里打水的器具。打井方法的发明改变了人类被动利用自然的状态，人类可以依据自己的能力，去发

掘利用未知的事物，井的发明就是人类发掘利用地下水的结果。

　　为什么河姆渡先民要挖井取水呢？原因可能是和距今五千六百年前的海侵有着密切的关系，海侵造成了河姆渡一带土地盐碱化严重，湖泊沼泽的水变得咸苦难喝，那为什么咸水人类不能喝呢？这是因为太咸了，会让人体细胞失水，如果人喝了大量咸水就有可能失去生命，所以为了不喝咸水，这时的河姆渡先民选择挖井来取水，用罐子来取水，这样就能够解决水质不好的问题。这也表明了富有智慧的河姆渡先民能够认识到地下水的存在，并能够加以利用。从依赖自然到人工挖井取水，这是人类的一大进步，水井的发明和使用改变了人类的生活习惯，对提高人的身体素质有着重要的作用。河姆渡水井成为我国挖井取水最早的实物例证。

（二）河姆渡遗迹之——灰坑和墓葬

　　河姆渡遗址出了发现"干栏式"建筑以及水井遗址之外，还发现了各时期的灰坑，一共有二十八个。灰坑，考古学术语，是古代人类留下的遗迹之一，灰坑有可能是垃圾坑，有可能是储物坑（或窖藏），也有可能是祭祀坑，各种坑都有其成因。而且，灰坑有自然坑和人造坑之分，自然坑是人利用自然形成的坑来做垃圾坑、储物坑、祭祀坑；而人造的坑则是人为挖的坑。在第一期中发现了五个圆形和椭圆形灰坑。多数的灰坑中放有酸枣、菱角等植物的果实，在个别灰坑中还有陶器等器物。在考古发掘的第二期遗迹中发现了十个灰坑，形状有圆形，椭圆形，还有长方形的，在坑底下有苇席铺垫，多数坑中还有动植物遗存，有的还有陶器。在第三、四期中，发现了共十四个灰坑，相对于前一时期多了一些不规则形状的，在灰坑中有很多果实的种子、一些不完整的陶片和极少完整的陶器。

河姆渡遗址发现墓葬的数量不多，仅有二十七座，这些墓葬均分布在河姆渡先民的生活区。从此时期的考古发掘知道，在这一时期随葬品非常少，只是一些故去之人生前的一些生活用品，说明当时还没有出现贫富分化，阶级社会还没有出现。

（三）各种类型的器物

在河姆渡遗址中出土了大量的器物，其中骨（角、牙）器出土了近三千件，占所有遗物的一大半，形态样式也是非常多样的，这些都是利用动物的骨骼为原料，这主要是因为在当时人们大量渔猎，以及家畜饲养业发达。

骨器是先民从事生产和生活的主要用具，数量多，种类多，制作精致。它们大多取材于大型哺乳类动物的肩胛骨、四肢骨、肋骨、角、牙，也有取材于禽类的肢骨、鱼类的脊椎骨等。制作方法主要有敲砸、打磨等几种。其中打磨是较普遍的，加工的方法和加工精度视不同器形的不同要求，也有粗细之分。在河姆渡遗址第二期出土的骨器中，从选取材料、制作工艺、器物种类和器物的基本形状等方面都与第一期文化相同，但是有些器形加工更加规整，骨器雕刻技术更加娴熟、高超。因此出现了以连体双鸟太阳纹象牙、蝶形器为代表的令人叹为观止的艺术瑰宝。

第三期出土的骨器相对于第一期比较少，质量也

不如之前。在第四期出土的文物中没有发现骨、角、牙器。

在河姆渡遗址中出土的石器是比较少的，在出土的近千件遗物中，石器还不到六分之一，这主要是因为骨器在当时很发达，代替了石器的功能。

河姆渡时期是我国历史上的新石器时期，在新石器时期，先民主要采用磨制石器，但是在从旧石器向新石器时期的发展，是需要一个过程的。在第一期出土的文物中的石器，保留着一些打制的痕迹，可以看出此时期属于过渡时期，河姆渡先民直接继承了旧石器时代打制石器的传统。在旧石器时代制作石器的最原始的办法就是把一块石头加以敲打或是碰击，目的是形成刃口，再加以修整而成石器，所以，早期出土的河姆渡石器保留了打磨相结合的原貌，只是刃部磨制得比较精细，目的是为了减少使用时的阻力。从出土的文物看，石器的种类也是较少的，主要有斧、锛、凿三种，在这三样中以斧为主，其他两样是次要的。石斧的典型特征是双面刃，但是对称的双面刃石斧是比较少的，绝大部分的石斧都是不对称的，此外还有一种有着特殊用途的石斧，这种石斧的斧刃特别得厚，而且布满麻点痕迹，这类石斧可能是当时用于剖裂木材的工具。

石斧的样子我们很熟悉，和我们今天使用的斧头的样子差不多，但是石锛、石凿是什么样的，大家还不是很熟悉。石锛的典型特征是双面刃一长一短，有的石锛正面呈弧形，所以又称为弧背锛。石凿的特征是体型长，厚度略大于或接近于宽度，多磨制得光滑平整，两面刃部较锋利。

第二期出土的石器相对于第一期，打制石器的迹象已经明显减少了，更多的石器是磨制的，并且做工比较精致，石器的形状比较规整，轮廓比较分明，磨制技术已经得到较为广泛的应用了。在第三期出土的石器中，斧、锛的表面都比较光滑，形状、种类也增多了，这些表明石器制造向定型化、专业化方向发展。在第四期出土的石器中，斧、锛、凿多呈灰白或者青灰色，石料取材于一些坚硬的石头，石器的器形比较规整，表面比较光滑，轮廓比较清楚。在这一时期出土的石器还多了一些具有装饰作用的饰品，说明当时人们也懂得装饰自己，正应了那句话：爱美之心人皆有之。史前先民也不例外。

除了骨器、石器之外，还有一种重要的器物就是木器。在河姆渡遗址中出土的木器一共有四百件，能保存如此之多的器物，在中国的新石器时代遗址中是绝无仅有的。木器本来是人类最早使用的器具之一，但是由于木器极容易被腐蚀，很难长久地保存，在新石器时代的遗址中出土的木器寥寥无几，所以河姆渡遗址出土这么多的木器尤为珍贵。木制品的加工过程要比石器、骨器容易得多，木头再坚硬也没有石头、骨头硬，因此，木头的制作方法比较多，有裁、磨、割、削等，根据不同的器物，采用不同的操作程序之后，一件工具或一件器物就制成了。比较突出的有船桨、鱼形器柄、斧柄、织布机部件等，其中木蝶形柄、木筒和木鱼等，做工精细，堪称河姆渡文化中的佼佼者。在第二期出土的木器中，种类和数量已经明显减少了，但是制作工艺有了很大的进步，制作也更加精细，制作水平也有了提高，主要体现在对圆形容器的设计制作上。到了第三期出土的就更加少了，第四期出土的文物中已经不见木器的踪影了。

古人也是爱美的。在新石器时代出土的文物中，很少能够看到具有装饰作用的器物，但是河姆渡遗址则是个特例，在河姆渡遗址中出土了用于装饰的"美玉"，其实所谓的"美玉"是一些特殊的石头，也就是璜、管、珠等加工精致的装饰品，原料是萤石、石英、叶腊石等，他们同一般意义上石头有很多差别，从矿物学分类，仍属于石头，但是从文学装饰作用来讲，已经属于美玉了，但是出土的数量非常少，不是很漂亮，制作也比较粗糙，但是这些器物的出现，开启了长江下游地区玉器文化的序幕。

（四）品种多样的生产、生活工具

前面我们从器物的制成材料上介绍了河姆渡遗址出土的器物，下面我们从器物的用途角度来了解史前先民的生产、

生活用具。

石器是新石器时代的主要生产工具，河姆渡遗址出土的石制生产工具主要是石斧、石锛和石凿，都是比较小的，石头的质地也比较坚硬，制作比较简单，只是在斧刃部磨光，在其余部分都保留着明显的打砸痕迹，说明此时期的河姆渡先民还存在着旧石器时代的石器制造的特征。河姆渡文化遗址处在我国江南地区，在农业上主要种植的是水稻作物，水稻的栽培方式是插秧，加之此文化区地处平原地区，土质比较疏松，并不适合石器的使用，并且砍伐树木的机会也很少，所以河姆渡地区并不适合使用石器，在河姆渡遗址出土的石器也不是很多。

另一种重要的生产工具是骨耜，所谓的骨耜就是用动物的兽骨制作的耒耜，骨耜是用动物的肩胛骨制作的，在河姆渡遗址共出土发现骨耜一百九十四件，依据古书记载，骨耜是史前先民主要的农业生产用具，在其他地区的考古发现中也出土了大量的骨耜。用的也是动物的肩胛骨部分，在制作骨耜的时候，利用了肩胛骨的外形制作的，用起来比较方便、实用。用耒耜来耕作的方法在我国出现得比较早，使用起来也是比较方便的，最初的耒耜是采用木质材料制成的，在木质耒耜的尖部加上木、石或骨作为冠，就形成了复合形的用于翻土的工具耒耜。逐渐由木制耒耜发展到骨质耒耜，在骨制耒耜的外面有一个用木头制作的长长的柄，表明河姆渡先民懂得安长柄，这样既省力又能提高功效。骨耜因长期使用而腐蚀，刃部形状不一，它是河姆渡文化中一种很有特色的生产工具，是翻土挖沟的主要工具，翻耕土地能够疏松土地和改良土壤结构，延长使用的年限，扩大了耕种面积，对提高粮食产量有着重要意义。

除了骨耜、木耜外，还有锯齿形状的骨器，可能是收割工具。鹿角鹤嘴锄可能用于翻地和除草。另外还有木杵，呈蒜形，是加工谷物脱壳的工具。

河姆渡遗址出土的一套用于耕种——除草——收割——加工的农业工具，证明河姆渡文化早期已由刀耕火种的农业阶段进入到耜耕的农业阶段。

中国古代遗址

生活用具有陶、骨、牙、木四类。在生活中，骨、角、牙器作为装饰品主要有珠（鱼类的脊椎骨）、坠饰（猪、虎、熊的犬齿）、管状骨的破骨条或象牙制作的饰品等。珠及坠饰是胸前或颈部的装饰品。也有用象牙制作的，通体精磨，雕刻花纹，用来固定盘在头顶上的头发的簪子。

石器装饰品有萤石或玛瑙石等制成的玦、璜、管和珠。它们磨制光滑，中间有孔。

生活工具主要是陶器。陶器可分饮器、盛储器和饮食器等。常用的是釜、罐、盆、盘、钵、豆等。

盛储器主要是罐，以耳的多少分为单耳罐、双耳罐及四耳罐等，以双耳罐最为多见。其次是盆和钵，这两样器物都依据器皿口的大小分为两类。饮食器主要是豆，此外是现在我们比较熟悉的碗、盘、杯及勺等。用于烹饪的炊器主要是釜，釜的形式比较复杂，釜就是有腿的锅，有点象鼎。其次有灶和鼎。釜和鼎主要用来烧煮食物。

用陶器制成装饰品主要有陶环、陶璧和陶珠等。另外还有猪形陶塑等原始艺术品。

河姆渡遗址

五、热闹非凡的动植物王国

（一）种类繁多的动物世界

在河姆渡遗址的两次大规模发掘中，出土的动物遗骸之多，种类之丰富，堪称我国新石器时代考古发现之最，在遗址中发掘的动物种类，都是生存于南方平原丘陵地区的种类，河姆渡遗址所处的气候带是热带、亚热带，也是动物生存最适宜的地区。根据对动物遗骸的检测分类，属 61 个种属，其中无脊椎的

动物仅有三种，脊椎动物有 58 种，包括鸟类、鱼类、爬行类及哺乳类。其中哺乳类最多，占 34 种，除极个别种类外，几乎全是喜热湿的动物，尤其是亚洲象、苏门答腊犀和爪哇犀，小型哺乳类动物较少，其他门类较全，数量也多。

在河姆渡遗址中出土的亚洲象、苏门答腊犀、爪哇犀、麋鹿（俗称"四不像"）、红面猴等动物的遗骸，这些动物在我国或是灭绝或是存在的非常少了，亚洲象、苏门答腊犀和爪哇犀等典型的热带动物，目前在东南亚的中南半岛，印度尼西亚各大岛屿以及印度等地，还有一定数量的分布，在中国仅限于云南边陲地区还有少量分布，象和犀在华中地区已完全绝迹，四不像和红面猴在浙江已经完全绝迹了。

河姆渡遗址中出土了大量的麋鹿遗骨，说明麋鹿在新石器时期在我国的宁绍平原繁衍生息，但是商周时期以后，由于人类的活动对麋鹿影响的加剧，麋鹿的分布范围明显缩小，到元代就仅存于华北和江淮局部地区，到清代末年除北京残存一小群以外，几近绝迹。

河姆渡遗址动物群的发掘表明，猪、狗、牛已成为人工驯养的家畜。我国是世界上最早饲养猪的国家之一。在河姆渡遗址中发现的家猪，与现代的猪十分相似。几千年来，饲养家猪一直是我国农家的普遍副业，也是我国人民肉食

的主要来源。

在河姆渡遗址中出土了十余件狗头骨。发现的狗头骨较猴头骨、猪头骨都完整，表明河姆渡先民对狗有一种特殊的感情。在河姆渡第一期文化一件陶块上浮雕的图像神态极其像狗。这表明狗是与河姆渡先民接触较多的动物之一。

河姆渡先民除了饲养猪、狗以外，还驯养水牛。在遗址中出土了十六件头骨，和水牛的的形态特征非常相似。河姆渡遗址是适合水牛生存的地区，在这个遗址周围有大范围的水域，还有适合水牛食用的水草，这一时期的水牛还不是用来耕地，主要是提供肉食。

除了大量地驯养动物之外，为了生存，河姆渡先民还猎取大量的野生动物，虎、豹、熊等食肉动物和猴、野猪、鹿类等食草、杂食类动物，这些动物都是当时先民们的猎物。其中栖息在密林中的凶猛兽类在数量上所占的比重很少，而以力量较弱的食草类为主，这些动物的肉可以食用，它们的毛皮、还有骨骼还可以制作成生产工具和艺术品。

除了猎取这些野生兽类外，河姆渡先民还捕食大量的飞禽、水生动物。从河姆渡遗址出土的大量遗骸来看，水生的动物应该是先民的一项主要的肉食来源，其中包括三种无脊椎动物。在遗址中发掘中，鱼类、龟鳖类、蚌类等水生动物非常多。还清理出很少一部分龟的遗骸，明显能够区分的个体就有近两千件。鳖类数量也是相当可观的，蚌类在现场仅留下一片闪亮的白色遗骸。许多被烧破了的陶釜中装有鱼类、龟鳖类、蚌类等水生动物遗骸。

(二) 色彩斑斓的植物王国

河姆渡遗址中还出土了大量的植物遗迹，河姆渡特殊的地理位置和得天独厚的自然环境，蕴育了大量的、丰富多样的植物种类，出土了当时河姆渡人采集和贮藏的大量植物果实的遗存，还有人类用肉眼无法看到的植物花粉，从中我们可以推测出，当时有大量的森林，正是因为森林的存在才为木质建筑提供了充足的原料。

遗址的早期地层出土的植物遗存种类相当丰富，保存也特别完好。植物的种类达 25 种以上，有台湾枫香、青冈、紫楠、香桂、九里香等亚热带落叶、阔叶林，有山桃、酸枣等灌木类植物，还有天仙果、旱莲木、牛筋树、夜合花、山鸡椒等，不少树叶的叶脉都还清晰可辨。

此外，还发现大量的稻谷、南酸枣、核桃、小葫芦、橡子、山桃等种植或采集的果实。还有稻秆、稻叶和芦苇等。

六、河姆渡文化的原始艺术

（一）雕刻艺术

河姆渡先民雕刻的材料是多种多样的，有陶器、骨器、木器、石料等，还有具有特色的陶塑。

河姆渡先民具有艺术家的天分，他们在器物的外面雕刻各种各样的图案，有抽象的、有写实的。蓝天中翱翔的飞禽、陆地上行走的动物、沼泽中的游鱼、水田中的禾苗和天上的太阳等，都成了他们艺术创作的对象。

线雕在河姆渡文化原始艺术品中占有很大的比重，是我国民族雕塑艺术的独特风格。线雕是雕塑艺术的手法之一。在我国，线雕最开始是在骨头上进行的，现在保存得最早的线雕就是骨器线雕。

陶雕是在烧制之前在陶坯未干时，用尖刃的石、骨、木工具划出阴线图像或图案。在共四期出土的文物中，第一期中出土的器表刻有两组图案，其中一组中间似禾苗纹，两旁像鱼纹，另外一组中间刻有抽象性图案，该图案弯如弓形，下方刻有双重圆圈纹，两旁的图案则象鸟纹。这个陶盆上的两组图案是经过精心设计安排的，表明了河姆渡先民的聪明才智。还有圆形长方形钵，器表两面各刻猪纹图像，长长的嘴，短短的尾巴，瘦小的腿，腹部刻双重圆圈纹。线条流畅，形象逼真。

除此之外，还有骨、牙雕，由于人们大量地食用肉食动物，随之而来的是带来了大量兽骨，河姆渡遗留的骨器要比之前发掘的遗址都要多，由于骨头的软硬度适中，它的外形又很容易被利用，所以大部分的骨器

都被制造成生产工具和生活用具，而很少被作为雕刻艺术品。它们的制作必须经过选料、裁割、砍削成型、磨制及雕刻等繁杂工序。

从动物遗骸中得知，亚洲象当时也在遗址周围出没，象牙的外形和质地具有比较讨人喜欢的特点，因此，先民一般都用象牙来制作装饰品，雕刻象牙，用象牙来制成普通器物的比较少。在河姆渡遗址中出土的象牙制品达二十五件之多，象牙器具最开始出现在河姆渡第一期文化中，距今有七千年，是我国目前发现的最早的象牙制品，在遗址中出土的象牙器几乎都是雕刻精美的艺术品，所以就很难有固定不变的造型，由于象牙比一般骨料要坚硬得多，裁制和雕刻难度比较大，特别是在原始社会，由于工具的简陋，制作尤其不方便。以前，某些少数民族也在极其简陋的环境下制作象牙制品。所采用的方法就是，在进行雕刻之前一般都要经过酸性溶液的处理，以减弱其硬度，软化象牙，然后进行加工。河姆渡遗址出土的象牙制品，可能也经过类似的方法进行软化处理，然后进行雕刻。象牙雕刻技术是一项难度很高的技术，在七千年后的今天看来，这些雕刻艺术品仍然具有不朽的艺术魅力。可以想象在那么原始的状态下，如果没有高超的生产技术，没有训练有素的工匠，这些艺术品是很难制作出来的，而且当时，还是一个没有金属工具的时代，要制作一件象牙制品是何等的困难，所以就需要付出更多的时间和精力。

出土的象牙主要有蝶形器、鸟形器等，其中蝶形器共有 15 件，制作得都很精细，颜色也比较柔和。

河姆渡先民制作这些精美的艺术品，并不是给一般人享用的，很可能是供给氏族首领使用的，或者是用于宗教祭祀的，又或者是图腾崇拜。

此外，还有木雕艺术品，木头作为造型艺术的一种材料，用途是比较窄的。

尽管木材容易加工，但是也有明显的不足，由于木头的颜色以及光泽度不是很吸引人，并且容易腐烂，所以在河姆渡遗址中出土的木头器物是比较少的，其中出土的木蝶形木器稍多，圆雕木鱼仅出土一两件。

木蝶形木器，多用硬木雕刻，形状扁薄，工艺比较精湛，不加文饰。从考古发掘中见到两种形态，一种对称且两翼较宽、另一种两翼不对称。

圆雕木鱼，整体很像真实的鱼，这可能与鱼和祖先之间密切的关系有关。

史前先民的陶、骨、牙、木雕艺术作品反映出先民的艺术加工是来源于生活的，在这些艺术品上雕刻的基本都是动物或植物的抽象形态，这主要是因为处在野蛮时期河姆渡先民平日里接触最多、最熟悉的事情就是这些动植物，是这些动植物为先民的生产、

生活增添了乐趣。

（二）陶塑及彩陶艺术

"塑"是人类制造工艺的一种手法，早在史前时期，我国的先民就已经掌握了这种技术，并且不断地完善，在河姆渡文化遗址中出土了一些陶塑作品，可以看出此时期我国的陶塑已经很成熟了。陶塑最初只是在器物的表面做出一些线纹，之后逐步发展，进而到器物局部立体的捏塑，用这些捏出来的形状，充当器物的耳朵、把手或盖子，这些盖子、把手、耳朵的形状多是鸟、兽的形状。在河姆渡遗址出土的一个陶器的盖子，就塑造成了动物的形象。随着塑造技术的提高，先民开始制造整体的动物形象，而不再局限于器物的一部分是动物形象了，在遗址中出土的猪形陶塑突出了家猪丰满圆润的体态，并且抓住家猪嘴部较短、前后肢粗壮、腹部下垂等体型特征加以表现，其体态特征明显区别于野猪的形

态，形象非常可爱，憨态可掬，让人爱不释手。通过这个陶塑作品也反映出河姆渡地区先民已经饲养家猪很长时间了。狗形陶塑体态浑圆肥胖，形象生动。陶塑鱼塑造得也是非常的逼真，鱼身上的鱼鳞都塑造得非常形象，意在表现鱼的游动状态。除了塑造动物之外，还有对人物和人面部的塑造。在遗址中出土的一个人首塑，前额突出、塌鼻梁、宽嘴、长方形脸。通过简单的捏塑，将河姆渡先民的脸部特征完整地体现出来。除了塑造单一的动物或人物之外，河姆渡遗址中还出土了堆塑，也就是一群动物的陶塑，其中最典型的就是塑造了一对展翅翱翔的飞燕形态。

河姆渡遗址出土的陶塑作品有形象生动、外型美观的特点，但是也有其不足之处，大部分的陶塑体型比较小，并不纯粹是"塑"成的，而是在捏塑完之后，再进行修磨的，也经过了适当的刻划。这也是在新文化时期出土的陶塑作品中普遍存在的不足。

除了陶雕、陶塑之外，还有彩陶。彩陶是以彩绘作为装饰的陶器，在已成形的陶坯上，用不同的材料绘画，然后烧成，色彩不容易脱落。我国已发现最早的就是河姆渡文化彩陶，但是仅有零星发现。彩陶由于器物的造型多样、图案花纹优美、色彩鲜艳，成为我国最重要的一种原始艺术。

（三）原始的漆器

我国漆器制作工艺的历史非常悠久，在我国出土的大量遗址中均有发现，其中也包含河姆渡遗址。1978 年在河姆渡遗址中出土了距今已有六七千年的一件朱漆碗，是中国已知最早的漆器。这个碗呈椭圆形，造型美观，内外有薄薄的一层朱红色涂料，由于年代久远，已经脱落得比较严重，没有什么光泽。通过科学家的测定，确定木碗上的涂料为生漆。

在中国古代，漆器的制作分为生漆和熟漆两种。生漆又称"土漆""天然漆""国漆"或"大漆"，它是切割漆树的皮之后流出来的一种乳白色液体。一旦接触空气便转为褐色，数小时后水分蒸发硬化而生成漆皮。生漆具有耐腐、耐磨、耐酸、耐溶剂、耐热、隔水和绝缘性好、富有光泽等特性。如果在生漆中添加颜料，就形成了有色漆。生漆是我国特种林产品，历史悠久。而熟漆是指经过日照、搅拌，掺入桐油氧化后的生漆。在河姆渡遗址先民生活时期，村庄南面的四明山中曾有大片的漆树生长。同时，气候对于漆器的制作也有很大的关系。这是因为生漆需要在比较温暖、潮湿的条件下，不易出现裂痕，而且有光泽、硬度较好。在六七千年前河姆渡的气候和湿度正好适合漆器的生产。

漆器具有很多优点，例如耐腐蚀性强、外观华丽鲜艳、基本上不会污染食物。正是由于以上的这些优点，漆器才从古至今一直被人类作为饮食器具。后来随着漆器生产的发展，漆器的使用范围才更加广泛。

（四）原始的音乐艺术

人类的各种生命的本能是与生俱来的，像视觉、听觉、触觉、味觉等，人们在大饱眼福、口服的同时，也不会让耳朵闲着的。尽管不知道我国最早的音乐是在什么时间什么地点起源的，但是在渔猎的时候人们已经会用口技来模仿动物的声音了。在考古发现中，出土最早的乐器是骨笛，出土地点是在河南舞阳的贾湖遗址，距今已经有八千多年，并且已经表现出来比较高超的制作工艺，所以我们可以推算出，音乐萌芽的产生有可能达一万年。

在河姆渡遗址中出土了打击、吹奏乐器：木筒形器、骨哨和陶埙。木筒形器，共出土 27 件，长度约 30 厘米，直径 10 厘米左右，形状像竹管，内外壁光滑平整，有的内壁多一周凸状物，或是塞一个木饼，有的表面刷

一层黑色的涂料。它有可能是一种在祭祀活动中烘托气氛的打击乐器。在考古发掘中出土了保存完好的 160 多件骨哨。现代的演奏家用仿制的骨哨进行表演，确实能吹奏出悦耳动听、模拟动物叫声的声音。在遗址中还出土了唯一的一件陶埙，可以试着吹奏出低沉的声音，尽管样子比较难看，但应该是现代乐器埙的鼻祖了。

七、河姆渡先民的生活

（一）新石器时代母系氏族公社的代表

河姆渡文化遗址是我国新石器时代出土的文化遗存，处在母系氏族公社时期。什么是氏族公社，为什么氏族公社又分为母系氏族公社和父系氏族公社呢？

氏族公社是指按血统关系组成的比较固定的集团。同一氏族的成员都是亲属，由共同的祖先繁衍下来。一个氏族大约有几十个人，他们过着集体的生活，共同和大自然作斗争。氏族公社分为母系氏族公社和父系氏族公社两个时期。

母系氏族公社是以母亲的血缘关系结成的原始社会的基本单位。它是在血缘家族进一步发展、逐步形成氏族的基础上产生的，是世界各民族普遍经历的阶段。母系氏族公社大约产生于旧石器时代晚期，到新石器时代达到繁盛，并开始逐步为父系氏族公社所取代。

在母系氏族公社中，妇女们在生产和生活中起着主导作用。世系按母亲计算，实行母系继承制。孩子们只知其母，不知其父。妇女在氏族公社中居于支配地位，除了管理氏族公社内部事务外，妇女主要从事采集和原始农业，使生活的供给比较稳定。男子则主要从事狩猎。母系氏族公社的最高权力机构是议事会，由全体成年妇女和男子参加，享有平等的表决权。

每个母系氏族公社都有自己的名称、墓地，在社会生活中，崇敬共同的神祇或图腾。在婚姻关系上，禁止族内群婚，必

须同别的氏族公社实行族外群婚。在氏族公社里，除了成员个人日常使用的工具外，土地、房屋、牲畜等都归氏族公社所有。氏族成员共同劳动，共同消费，没有贵贱贫富之分，过着平等的生活。

母系氏族制度的基本特征：第一，世系按母亲的血缘计算。第二，妇女在生产、生活中起主导作用，她们既是生活的组织者，又是氏族的管理者。第三，财产属公社所有，没有贵贱贫富之分，没有阶级区别。第四，具有共同的居住区。

其中最具有代表性的是山顶洞人，距今有一万八千年。还有就是河姆渡文化，距今有七千年左右。也就是从此时期，我国进入到新石器时代，此外母系氏族公社另外的一个代表是仰韶文化，距今大约有五千多年，这个文化是属于母系氏族公社繁荣时期的文化遗址。

父系氏族公社是以男子为中心的大家族，男子支配生产、生活和公共事务，氏族首领由成年男子担任。世系按父系计算，财产由子女继承，男子是家庭和社会的核心，有权支配家庭的财产，并支配家庭的成员，妻子从夫居住。出现的社会原因在于妇女被排除在社会生产之外，身强力壮的男子转入农牧业和手工业等生产性经济领域，成为社会生产的主要力量，取得支配生活资料的权利，并将个人的生活资料首先转化为私有财产，进而产生了将财产传给子女的需要和实践。这一历史进程最终以男子娶妻，建立一夫一妻制家庭的形式得以完成。随着人口的不断增加，往往分化为若干个父系家庭公社，仍实行生产资料的共有制，但范围大大缩小。当一夫一妻制个体家庭开始独立生产和生活时，家庭成为社会生产、生活的基本单位，氏族制度走到了历史的尽头。父系氏族公社存在的时间，一般认为在新石器时代的后期和青铜时代的初期。

之所以认为河姆渡文化属于母系氏族公社时期，主要是因为河姆渡文化所处的年代。距今 4000 至 7000 年，恰值我国从旧石器时代向新石器时代过渡时期，也就是属于母系氏族公社时期。此外，在河姆渡遗址中出土的墓葬中可以看出，女性的地位要比男性的地位高。

(二) 河姆渡先民的生活习俗

河姆渡文化时期，聪明的河姆渡先民在日常的农业生产过程中逐渐掌握了动植物繁殖的知识，通过种植水稻、饲养家畜等方式依靠自己的劳动来增加天然的产品，找到了稳定可靠的衣食来源，摆脱了完全依赖大自然馈赠的被动的局面。因此，这个时候种植水稻成为主要的农业生产方式，驯养猪、狗、牛只算是副业。此时期的河姆渡先民还经常从事渔猎和采集。属于家里供应和野外收获相结合。在人们的餐桌上，除了主食之外，还有丰盛的美味佳肴：家养牲畜的肉、渔猎来的兽肉（梅花鹿、麋鹿、水鹿等）、野禽肉（雁、鸭等鸟类）、水生动物肉（鱼类、龟、鳖、蚌）、可食用的野生植物（如槐树子、菱角、菌类和海藻类）等。除了野生采摘的植物之外，还有人工养殖的植物，例如葫芦、薏苡（多年生草本植物，茎直立，叶子针形，果实卵形，灰白色）等。河姆渡人已经能使用熟食，并且以熟食为主，动物肉食或植物大多是经过烧煮之后再食用的。食用熟食必须要用到火，那么我国的先民是什么时候开始使用火来烧制食物的呢？火又是怎样被发现的呢？

很久很久以前，人们大都以生肉、生的植物为食，从不知道火是什么东西。其实火不是人发明的，是先于人存在的，但人类用火却经历了一个很漫长的过程，依据科学家的推测，是在一次雷雨过后，人们到着过火的地方去寻找食物，发现被火烧死的野羊吃进来味道非常鲜美，就想把未熄灭的火种带回山洞，但由于他们不知

道怎样保护火种，火很快就熄灭了。

　　此外，关于火的发现，还有一个神奇的传说,有一个叫燧人氏的人用两根木头制造工具时，发现两块木头磨擦后，木头发出了浓浓的烟，并燃着了周围的干草。燧人氏感到十分高兴，连忙把这种方法保存了下来。从此以后，每当火种熄灭时，燧人氏便使用两根木头磨擦，制造火种，人们慢慢地也就开始吃熟食了。这就是有名的燧人氏取火的传说。燧人氏部落的年代约五万至十万年前，此时期是属于我国远古社会的旧石器时代。

　　人工取火是一个了不起的发明。从那时候起，人们就随时可以吃到烧熟的东西，而且食物的品种也增加了。据说，燧人氏还教人捕鱼。原来像鱼、鳖、蚌、蛤一类的东西，生时有腥臊味不能吃，有了取火办法，就可以烧熟来吃了。食用熟的食物，就能够增强人的体魄，也就增强了人类抵御疾病和自然灾害侵袭的能力，同时还能延长人的寿命。因此，取火方法的发明有着重要的意义。

　　以后，点火工具又不断得到更新。先是火石打火，随后又发明了火柴，进而又发明了电子打火，人们用火越来越方便了。

　　除了食物之外，就是衣服，虽然从河姆渡遗址中没有出土过有关衣服的文物，但是却有很多间接的证据。在河姆渡遗址中发现了很多各种材料制成的纺轮，有陶制的、石制的和木制的，而且数量还不少。这些纺轮的出土表明当时的人类已经会纺纱织布了。还发现了原始织机上的一些零部件和大量的骨针，应该是缝制皮衣或布衣的主要工具。这些间接的发现材料表明河姆渡人已经能利用动物的毛和植物的纤维纺纱织布做衣服了。在河姆渡出土的某些陶制器皿上还刻有蚕纹，这表明河姆渡先民已经掌握了养蚕缲丝（把蚕茧用开水浸泡，抽出的蚕丝）的生产技术了。

　　河姆渡先民居住的房屋是建在高出地面之上的干栏式房屋。是用立起来的木桩作为房屋的底架，再在这个木桩上铺上地板，在地板上建立起"人"字形的房顶，在房顶上盖上茅草，在茅草屋中，上边住人，下边养家畜，如，猪、狗、羊等。由于房屋建在离地面有一定距离的高度，所以古代先民要想进到屋子里面就需要借助一定的工具，这种工具就是今天也很常见的梯子。

　　前面我们介绍了河姆渡人的衣、食、住，下面我们来介绍一下"行"，在那样极其原始的社会人们有什么样的交通工具呢？在河姆渡遗址中，共发现了八个木桨，这表明当时的人们已经有水上交通工具了。河姆渡先民可以在水中自由活动。由于河姆渡遗址所处的地理位置是湖泊沼泽比较多的地方，据科学家推测，在七千多年前的河姆渡地区气候条件比现在还要湿润，河流也更加的多，为了能够获得水中的动植物，先民们发明了水上交通工具，采摘水生的植物的茎、果实、根等，还有就是捕捉鱼和鳖。这些水生动植物丰富了先民们的"餐桌"，使河姆渡人的饮食品种更加多样。由于水生动植物中含有陆地上生长的动植物所没有的营养元素，所以水生动植物的食用也就增强了人的体魄，有利于人类的发展。

　　生老病死是人间常事，那是不是在史前社会人类得病之后，就是等着死呢？其实不是这样的，聪明的河姆渡先民在生产实践以及野外采集中，也逐渐地发现了一些植物具有止血或止痛的作用，还有一些植物的味道能够驱除蚊虫。具有这种功效的有樟树、枫香树、槐树的叶子、根、果实等。

　　爱美之心人皆有之，遥远的河姆渡先民也不例外，河姆渡先民也注重装饰，和其他史前社会的先民一样喜爱打扮自己，装饰的部位有耳朵、颈部，装饰的物品主要是珠、璜、管以及牙饰（一般是用象牙制成的装饰品）。

河姆渡遗址

73

（三）对比半坡先民的生活

河姆渡文化时期，在我国的北方也出土了一个具有重要历史意义的半坡文化遗址，半坡文化遗址是黄河流域一处典型的新石器时代母系氏族部落遗址，距今5600~6700年之间。半坡遗址在1953年春，发现于陕西省西安市东六公里处的半坡村，因此而得名。由于两个史前文化遗址距今时间基本相同，两者一定会有很大的相同点，但是又由于两处的地理位置不同，一个在我国的东南沿海，一个在我国大西北，一定会有很多不同之处。

首先让我们来了解一下两者的相同点，两个文化遗址都处于我国母系氏族公社时期，在半坡文化遗址中，出土了很多个小房子，里面住着过婚姻生活的妇女以及来访的其他氏族的男子，当然，也会有男女相对稳定的对偶婚，但绝不是后来的一夫一妻制，依然依附于母系大家庭内，子女只知其母，不知其父。最受尊重的"老祖母"或另外多族的首领住在大屋子里，同时也是老年、孩子的集体住所。

此外，两者还都处于新石器时代，新旧石器时代是这样区分的，旧石器时代的标志是旧石器，旧石器的制作方法是用另一块石头砸打，砸出锋利的薄刃，用来切割兽肉、兽皮或制作武器等，其主要特征是：第一，工具用途没有真正分化，一件有着薄刃的工具，可以用来刮削，也可切割、钻凿；第二，工具形制没有统一，打制出的石器什么形状都有，没有按照用途统一样式；第三，使用时不经第二次加工，任选一片就使用。新石器时代的标志是新石器，新石器和旧石器的差别在于，工具是凿磨而成的，这样制作出来的工具比较精致，用途也分化了，同类石器的形制呈现出明显的统一性。有的新石器还安上木柄，钻孔穿绳。

由于两处文化遗址所处地理位置的差异，造成两者有很多不同之处。

河姆渡文化遗址地处南方温暖湿润的地区，首先在居住条件上采用的是有利于通风和去除潮湿的木栏式建筑形式，这也是我国最早的木栏式建筑。由于河姆渡遗址处于低位地势，人们学会了挖井，懂得人工取水的方法。

而与之处于同一个时期的位于黄河流域的半坡文化遗址，由于处于我国西北地区，气候干旱，比较寒冷，所以当时的先民居住在半地穴式的房子里，屋子的形状有方形和圆形的，屋内有灶坑，供炊煮和取暖用。以小屋居多，大屋仅一座，位于中央，小屋围大屋而筑。这种环形布明显地体现着团结向心的一种原则和一种精神。屋内都埋有一个或两个深腹罐，是用来做饭用的灶膛，并且具备储存火种的功能。

从饮食的角度来说，由于南方气候多雨水适合水稻的种植，河姆渡先民主要是以大米为主食，这点通过河姆渡考古发掘出的很多已经变质了的稻谷可以知道。河姆渡稻谷的发现也说明了我国是最早种植水稻的国家之一。河姆渡人的副食也是非常丰富的，由于其地理位置依山邻湖，这其中就蕴藏着大量可供先民食用的美味。陆生的像鹿、野猪、兔子等野味，水生的像鱼、鳖等，植物品种就更加丰富了，如橡子、菱角、山桃、酸枣等。

半坡先民的食物种类也非常丰富，他们的主食是粟（俗称谷子），我国是最早栽培粟的国家，做成粮食就是俗称的小米。我国既是最早种植水稻的国家之一，又是最早种植粟的国家，可以说我国是当之无愧的世界上农业发展较早的国家之一。半坡先民的副食品种类也相当丰富，有鱼、肉、蔬菜等。

从工具方面看半坡居民比河姆渡居民进步，他们已普遍使用磨制石器、木器、骨器，从半坡遗址出土的器物看，有许多石或骨的箭头，这说明他们已开始使用弓箭，还有石球石矛。半坡人已大量使用石铲、石斧、石锄、砍伐器等生产工具，进入了较发达的原始农业阶段。他们用石

河姆渡遗址

斧、砍伐器砍倒树木，芟除杂草，并放火焚烧，再用石铲翻掘土地，石锄和尖木棒挖穴点种，最后，用石镰或陶镰收获，食用时用石磨盘、石磨棒脱皮碾碎。这些都说明半坡人使用石器、木器等要比河姆渡人普遍。

　　不同的地域造就了不同的文化遗迹，但无论是南方还是北方，他们都是我国历史宝库中的宝贵遗产，是先民留给我们后人的宝贵财富，值得我们去好好珍惜。

中
国
古
代
遗
址

牛河梁遗址女神庙

　　中华文明源远流长，广阔的辽西大地更是红山文化的发祥地。正是那神圣之地，孕育了中华五千年红山文化。牛河梁遗址是红山文化的中心，是全国重点文物保护单位，属于红山文化晚期的遗存，为红山文化增添了几分神秘色彩。牛河梁遗址位于中国辽宁省的凌源、喀左、建平三市、县交界处，因其山下的牤牛河而得名，被评为"中国二十世纪一百项考古重大发现"之一。

一、红山文化——改写中华文明史

1.起源

红山文化是新石器时代晚期分布在内蒙古自治区东南部和辽宁省西部广阔地域内的先民们创造的一种农耕文化，因为1935年首次发现于内蒙古自治区和

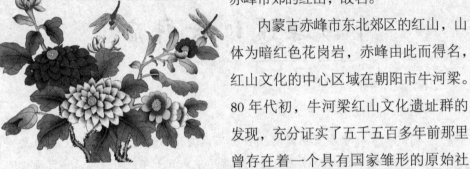

赤峰市郊的红山，故名。

内蒙古赤峰市东北郊区的红山，山体为暗红色花岗岩，赤峰由此而得名，红山文化的中心区域在朝阳市牛河梁。80年代初，牛河梁红山文化遗址群的发现，充分证实了五千五百多年前那里曾存在着一个具有国家雏形的原始社

会。牛河梁红山文化遗址群被评为"中国20世纪100项考古大发现"之一，它的发现在中国考古学史上具有重大的科学价值和意义，在国内外产生了重大的社会影响。

经过多年的调查，红山文化的分布范围基本明确。其北界越过西拉木伦河，并有继续向内蒙古草原深入的趋势；东界越过医巫闾山，到达下辽河西岸；南界东段可达渤海沿岸，西段越燕山山脉到达华北平原；西界目前可确定在河北张家口地区桑干河上游。从现在的地域行政划分讲，红山文化的分布在内蒙古赤峰和辽宁朝阳两市区域内最为集中。

1983年，考古专家们在牛河梁清理发掘时，发现了一个馒头状的红烧陶物。经过挖掘，发现牛河梁南侧竟有一座女神庙、数处积石大冢群以及面积约为四万平方米的类似城堡或方形广场的石砌围墙遗址，还有如下珍贵文物：女神头像、玉佩饰、石饰和大量供祭祀用的具有红山文化特征的陶器。

过去的观点一直认为黄河流域和长江流域是华夏历史的源头，红山文化只是一个分支或者是一种长城南北"混合文化"。可是随着红山玉器的进一步考

订，红山文化遗址的大量发现，特别是东山嘴、牛河梁遗址的发现，考古界对红红山文化有了一个全新的认识，把史前文化研究重点由黄河流域向北转移，认为红山文化在我国文明史上有着特殊的地位和作用，它具有中华 5000 年文明起源的性质。

2. 社会形态

红山文化的社会形态，据研究处于母系氏族社会的全盛时期，主要社会结构是以女性血缘群体为纽带的部落集团。在经济形态上以农业为主，另外还夹带牧业、渔业、狩猎等。它的遗存以独具特征的彩陶与之字型纹陶器共存、且兼有细石器的新石器时代文化。红山文化是中原仰韶文化和北方草原文化在西辽河流域相碰撞而产生的富有生机和创造力的优秀文化，内涵十分丰富，手工业达到了很高的阶段，形成了极具特色的陶器装饰艺术和高度发展的制玉工艺。红山文化的彩陶多为泥质，以红陶黑彩见长，花纹十分丰富，造型生动朴实。玉器为磨制加工而成，表面光滑，晶莹明亮，极具神韵，并向专业化、系统化、规范化方向发展。到目前为止，红山文化的玉器已出土近百件之多，其中大型碧玉猪首龙，周身卷曲，吻部高昂，毛发飘举，极富动感，是红山文化玉器的代表作，也是目前中国出土时代最早的龙形玉器，被誉为"天下第一龙"。因赤峰境内多有龙表玉器出土，故赤峰被称为龙的故乡，红山文化的先民应为龙的传人。

3. 考古发现

在 80 年代中期，考古专家们经过对辽西东山嘴——牛河梁红山文化女神神庙、祭坛、积石冢的发掘，终于取得了非常重要的成果。

喀左县东山嘴遗址坐落在山梁顶部中央，面向东南，向下面对开阔的大凌河河川。这里是一处用巨大石块堆砌而成的建筑物，呈南圆北方，中心两侧对称的形状，南部圆形祭坛旁出土的陶塑人像中，有在我国首次发现的女性裸体像。后期挖掘的一些陶器，由于其造型

牛河梁遗址女神庙

79

奇特，很明显并非人们的日常用具，据此判断，这应该是神圣的祭祀地所在。

另外在与喀左东山嘴相距只有三四十公里的凌源和建平两县的交界处，分布着规模宏大的红山文化遗址——牛河梁女神庙、祭坛、积石冢群。牛河梁位于大凌河与老哈河之间，为东西走向的山梁，这里土地肥沃，地理环境优越，红山文化遗址密集，以高高在上的女神庙和广场的平台为中心，十几个积石冢环列周围，并和远方的猪头形山峰相呼应，形成了一个紧密相联的祭祀建筑群。在考古队员的努力下，女神庙已出土大量泥塑人像残块，在此可分辨出至少分属于六个人像个体，最小的和真人一般大小，主室出土的大鼻大耳几乎等于真人的三倍。其中有泥塑人体的上臂、手、乳房等，还有很多的泥塑禽兽残块，更有彩绘庙室建筑构件、墙壁残块等，这些物件无不是杰出的艺术作品，而那些完整的人像头部，更是堪称雕塑佳作。因为其结构合理，五官比例适当，表情上更是形象逼真，栩栩如生。因此这些不仅是我国远古早期文明时期的艺术标志，也是炎黄子孙五千年前聪明才智的真切再现。这一用黄土塑造的祖先形象，对研究中华文明起源以及原始宗教都具非常重要的意义。在牛河梁第二地点，一坛四冢东西排列，间距不过几米，坛是以同心圆式的三圈淡红色石桩分三层叠起的大型祭坛。冢的结构复杂，形式各异，共同的地方是都有内外石墙，冢内若干石棺墓只随葬少许玉器。从墓的大小和随葬玉器多少来看，氏族成员等级分化已经很严格。在二号冢的中心大墓中，用加工非常整齐的巨石砌出一座墓柜，这种大墓往往筑于冢中心部位，上面再积石上土，形成高耸的山头，象征墓主人至高无上的地位。由此可见，红山文化坛、庙、冢，代表了已知的我国北方地区早期文化的最高水平。专家经过思考、研究发现，红山文化把中华文明起源史从四千年前提早到五千年前，把中华古国史从黄河流域扩大到燕山以北的西辽河流域。

总之，红山文化有其基本内涵和特征。首先从生产工具可看出当时的经济状况。那时，磨制石器、打制石器和细石器三者共存。石器以大型石器如石斧、石锛、石耜为主，它们与砍伐、起土、垦荒有关，说明农业耕广而粗放。而打制石器、细石器与切割皮肉有关。红山文化遗址发现牛、羊、猪等家畜骨骼和野生鹿、獐等动物骨骼，说明狩猎、畜牧占很大比重。遗址分布区正处于草原森林向平原过渡的中间地带，经济类型属于综合性的。其次从居住地址看生活状况。居住遗址分布稀疏，位置在较高的山岗上，多在南坡，高出河床10-40米，文化堆积层薄，反映出当时的居住条件不够稳定。有的遗址群已有等级之分，小遗址群（4-5千平方米）环绕大遗址群（3-10万平方米）。大遗址群出土玉器等高级品，附近分布积石冢、陶窑区和玉器作坊，说明已形成中心聚落。房址多为方型半地穴式，并出土成套的生产工具和生活用具，说明独立性的社会单元已存在。最后从陶器特点看文化联系。红山文化的夹沙灰陶，多为圆筒器，形制简单，压印之字纹，我国整个东北地区以至亚洲东北部都有这种陶器，可见它的共性。红山文化的泥质红陶多为钵碗盆类、瓮罐类，彩陶以黑彩为主，与我国黄河流域的仰韶陶器相近，都加饰压印之字纹，表明了红山文化和仰韶文化相互间的融合程度比较深。

　　这样看来，红山文化史是中原仰韶文化和北方草原文化在西辽河流域相结合而产生的，全面反映了我国北方地区新石器时代文化的特征和内涵。目前在

牛河梁遗址女神庙

临近地区发现了许多与赤峰红山遗址有着相似或者相同文化特征的遗址，遍布辽宁西部地区，将近千处，其内涵丰富，拥有一大批造型生动别致的玉器，多和猪、龟、鸟、蝉、鱼等动物形象相像，随着对这批玉器的识别，考古家发现了红山文化中的大型玉龙是我国最早的龙之一。红山玉龙造型独特，工艺精湛，圆润剔透，生机勃勃，其身体上承载着一种神秘意味，更为其平添一层美感。

4. 历史地位

在中国浩繁的典籍中，人们一直视中华文明史为上下五千年。然而从考古学角度看，其地下证据只能上溯至四千年前，而红山文化提供了前一千年文明史的实物证明，从秦始皇将中华大地以长城为分界划为南北两部分后，中原是中华民族的文明摇篮成了两千余年间不争的事实。红山文化的坛、庙、冢，代表了已知的我国北方地区史前文化的最高水平，专家们因而对中华文明起源史、中华古国史进行了新的思考和定位，把中华文明起源史的研究，从四千年前提早到五千年前；把中华古国史的研究，从黄河流域扩大到燕山以北的西辽河流域。红山文化向世人揭示了一直以荒蛮称世的中国北方也是华夏文明的发祥地，红山文化用其灿烂的远古文明，验证并扭转了中国人千百年来的思维定势。

红山文化在中国新石器时代文化中有着最高的发展水平，这是一个不争的事实。祭坛、女神庙、大型方台、金字塔式巨型建筑、特点鲜明的积石冢群以及成组出土的玉质礼器，这一切充分说明五千年前的红山文化中已出现了基于原始公社的氏族部落制度，又凌驾于公社之上的更高一级的组织形式。红山文化的发现证实了我们中华民族的五千年文明史，在中华文明史上具有举足轻重的作用，是中华文明的新曙光！

二、牛河梁——"红山文化之都"

1. 地理风貌

牛河梁红山文化遗址位于辽宁省凌源市与建平县交界处，因牤牛河源自山梁东麓而得名，呈半山地半丘陵地貌。这里有座努鲁儿虎山脉，在凌源市与建昌县及河北省平泉县、宽城县、青龙县、内蒙古宁城县的交界处，形成了一个巨大的"山结"。在这个"山结"的周围，生成了青龙河、大凌河、老哈河三条辽西的主要河流及众多支流。虽为山区，但并不闭塞。101国道、锦承铁路贯穿其间。整个遗址置于万亩松林丛中，冬夏常青，空气清新，环境幽雅，依然存有原始风貌。正是大山大河的养育，使这里诞生了中华第一个文明古国。

2. 发现过程

牛河梁遗址中的十六地点，是一个神秘的台地，位于凌源市凌北镇三官甸子村下河汤村民组西北约1公里的山顶附近。多年来，这处丘陵台地一直引人注目。附近村民们都说，这里起初是耕地，可只要翻动松软的泥土，里面就会莫名其妙地露出大小石块、陶片。台地上本是没有石头的，据老人们讲，这里没有住过人，可地下为什么会有类似盆碗碟的陶片呢？这些红色并有彩绘图案的陶片是什么器物的碎片呢？朴实的村民们不解，一个个神奇的故事便在人们的猜测中传播开来。直到1979年辽宁省文物普查时，才首次揭开台地神秘的面纱，它原来是红山文化的遗址——城子山遗址。

1979年，考古工作者在台地地表上首次发现了红山文化和夏家店下层文化的遗存。发现红山时期的房屋一座，墓葬三座，出土红山玉器十一件，并在山顶南西北三面均发现了石墙遗迹。沉寂了五千

年后的遗址再次引起世人的关注。

1981 年，牛河梁遗址被发现。遗址坐落在辽西山区一处曼延十余公里的多道山梁上。在五十平方公里范围内连绵起伏的山岗上，随着积石冢、女神庙、大型祭坛等的发掘，考古专家们发现，它的布局安排和现在北京的天坛、太庙和十三陵有许多相似之处，红山文化真正引起世人的瞩目。由此可见，在五千年前，这里存在着的原始部落群体就已经具有了国家雏形。这一考古新发现对中国上古时期的社会发展史、思想史、宗教史、建筑史和美术史等的研究都产生了巨大影响。在遗址中出土的文物，以女神头像最为珍贵。遗址中出土的玉雕猪龙、玉雕鸮鸟（俗称猫头鹰）等，造型都极为古朴神似，令人叹为观止。

牛河梁遗址位于努鲁儿虎山脉腹地，居于大凌河与老哈河之间，为多道东西走向的山梁。牛河梁遗址群是由祭坛、女神庙、积石冢群组成的规模宏大的祭祀性礼仪性建筑群。这个遗址群，规模宏大，气势雄伟，已形成坛、庙、冢三位一体的完整而严密的组合，出土的女神塑像和玉器规格甚高。在方圆有致的积石冢内，以大墓为中心将墓葬分为若干等级，随葬品只有玉器。以写实又神化的猪龙、熊龙、凤鸟、龟等动物形玉饰，上下贯通的马蹄状玉箍和装饰着随光线变化而若隐若现花纹的勾云形玉佩为主要类型，它们与竖立在积石冢上成排的彩陶筒形器都是墓主人用以通神的工具。这些积石冢位于山冈之巅又层层迭起，具有后世帝王山陵的景观，充分显示出中心大墓主人"一人独尊"的身份和地位，他们是宗教主，也是"王者"。坐落在主梁顶上的女神庙供奉着围绕主神的女神群像，一般与真人同大，位于主室中心的大鼻大耳竟为真人的三倍。神像以真人为依据塑成，比例适中又极富表情，权威人士认为"她是红山人的女祖，也就是中华民族的共祖"。显然，这样一处规模庞大，组合超群的祭祖圣地，不会是一个民族或部落所能拥有，而是为整个文化共同体所共有。牛河梁正处于红山文化分布区的中心地带，是该文化高层次的一个群聚落中心，把它作为中华五千年文明的一个象征是当之无愧的。所以在 1988 年即被定为国家级重点文物保护单位，划定了五十六平方公里多的保护范围对遗址群实行整体保护，该保护范围直至目前仍为全国最大。

牛河梁作为一个古代宗教祭祀场所，上百平方公里范围内都不见有任何居住的遗址，这表明当时的牛河梁祭祀遗址群的级别已不再是家庭祭祀，而是远离生活住地专门营建的独立庙宇、庙区和陵墓区，是一个专门供人们祭祀的规模宏大的祭祀中心。另外，牛河梁遗址处于整个红山文化遗址分布区的中心部位，这种特殊的地理位置，显然与充分发挥和延伸对周围地区的控制力和凝聚力有很大关系。其实，牛河梁遗址就是红山文化中最高层次的中心聚落，应该是整个红山文化举行祭祀礼仪的公共活动中心，具有了"国都"的性质。显然，这样一个高等级的祭祀群已经远远超出了一个氏族或部落的范围，而是红山文化这样一个文化共同体对共同的先祖进行崇拜的圣地。所以，牛河梁遗址说明红山文化已达到形成当时最高层次的中心聚落的水平，是跨进古国阶段的又一重要标志。

在距今五千年前的史前时期，渔猎经济的生活方式培养出开放而不封闭的文化形态，辽西地区的红山文化具有这些基本文化特征，属于东北文化区。同时这里又是东北与中原最为邻近的地区，所以又是东北文化区与中原文化区接触与交流的前沿地带。中原仰韶文化与红山文化发展阶段同步或大体同步，两者文化关系密切，交流是双向和相互影响的。另外据专家分析，它源于关中盆地的仰韶文化的一个支系，即以玫瑰花图案彩陶盆为主要特征的庙底沟类型，是源于辽西走廊遍及燕山以北西辽河和大凌河流域的红山文化的一个支系，即以龙形（包括鳞纹）图案彩陶和刻画纹陶的瓮罐为主要特征的红山后类型，这两个出自母体文化而比其他支系有更强生命力的优生支系一南一北各自向外延伸到更广、更远的扩散面。它们终于在河北省的西北部相遇，然后在辽西的大凌河上游重合，产生了以龙纹和花纹相结合的彩陶图案为主要特征的新的文化群体。这个群体的活动中心范围既不在北方草原的牧区，又远离农业占绝对优势的关中盆

牛河梁遗址女神庙

85

地，而是燕山以北的努鲁儿虎山地区，或者说，大凌河与老哈河上游宜农宜牧的交错地带。这里多种经济充分发展，相互补充营造出繁荣昌盛局面，才得以发出照亮中华大地的第一道文明曙光。

3. 考古价值

牛河梁遗址自 1981 年被发现以来，国内外对此都非常关注，国务院有关专家和外国学者纷纷前来考察研究，最后得出牛河梁遗址是中华文明的见证，具有较高的研究价值。五千多年前的大型祭坛、女神庙和积石冢群址的发现，为夏代以前的"三皇五帝"传说找到了实物依据，把中华文明史确凿地提前了一千多年，也为中国上古时代社会发展史、思想史、宗教史、建筑史、美术史的研究，添上了浓墨重彩的一笔。

在中国人传统观念中，中华文明从黄河的摇篮里孕育出来，然后再传至华夏各地。而红山文化的重大考古发现，为中华文明的多元起源说提供了证据。牛河梁是五千年前的"古文化、古国、古城"之所在，是中华五千年古国的象征。它的出现，不愧为"中华文明史新曙光"。牛河梁遗址不仅是中华民族史前圣地，也是世界文明中心之一。联合国教科文组织和世界银行组织也几次派人评估，并委托英国剑桥大学的专家们现场考察，向联合国写出了将牛河梁遗址列入世界遗产名录的申请，还制订出保护、发掘、修复牛河梁遗址的总体规划，准备将它建设成红山文化遗址博物苑和自然历史公园。世人都在关注着神圣的牛河梁——"东方金字塔"！

三、女神庙的发现

1. 女神庙遗址的地理位置

牛河梁遗址位于辽宁省西部凌源和建平两县的交界处，居于大凌河、老哈河之间，是延展于努鲁儿虎山谷的三道黄土山梁，牛河梁呈半山地半丘陵地貌，海拔600-650米，它的主梁顶部东西宽，南北窄，北高南低，呈南北走向。这里有红山文化的十几个遗迹点，有祭祀遗址和墓葬群遗址，女神庙遗址就在其中，考古专家对此进行了发掘考证。

2. 女神庙在红山文化中的位置

1983年秋季，牛河梁女神庙被发现。1984年，经国家文物局批准，考古工作者对女神庙进行了正式发掘。尽管女神庙的出土是人们翘首以待的事情，但当它真的被挖掘出来的时候，其建筑遗存的完好程度、结构的复杂性，尤其是女神像的规模和精湛的雕塑技艺还是令人叹为观止。

女神庙遗址位于牛河梁主梁北山丘顶部，是整个红山文化遗址的中心，他的位置非常高，在山丘的顶部有一个平台形地，大约南北最长有175米，东西最宽处有159米，在其地表零散着红陶片和红烧土块，经初步试掘，在其边缘

发现了几段"石墙"。在平台北有一处东西长大约13 米、宽 5 米的红烧土块分布，并出土了大型泥塑人耳，由于科技水平的不足，当年只是对女神庙进行局部试掘，之后掩上黄土，遗址保存至今。

3. 女神庙介绍

女神庙由一个单室和一个多室两组建筑物组成。单室在南，为附属性建筑，多室在北，南北长 18米，东西宽 7 米，结构上也比较复杂，包含一个主室和几个相互连接的侧室、前后室等，为土木结构。在人们对多室建筑主室西侧表层进行了试发掘后，出土了人物塑像的头、肩、乳房、手等残片和玉猪龙等文物，后期对单室的发掘中发现，其为半地穴式结构，室内堆积的红烧土块与其他土质明显有很大差别。另外在发掘中得知，其墙壁是原木的骨架，经结扎禾草把、敷泥和表面压光处理而成，在表面彩绘赭红色相间、黄白色交错的图纹图案。庙内堆满了人和动物的塑像，而且人像残块均为女性形象，形体有大有小，有一尊基本接近真人大小的彩绘女神头像，头高 22.5 厘米，面宽 16.5 厘米，出土之时仍旧鲜艳耀眼。

从对女神庙的初步发掘结果可看出其建筑形制和结构均很复杂，建筑设计和施工都已经达到了很高的程度。顶部、墙体采用木架草筋，内外敷泥、压光、彩绘，有的还用火烧烤，主建筑除了中心主室，又向外分许多小室，形成一个有中心、多单元、对称且富有变化的殿堂雏形，庙为半地穴式土木结构，现保存的地下部分深 0.8-1 米。从地下部分与地上部分交接处保留的弧形墙面观察，墙壁地下部分竖直，地面上呈拱形升起。从南单室四边成排分布的碳化木柱痕分析，地上原立有木柱，柱内侧贴成束的禾草，再涂抹草拌泥土形成墙面，墙面上做出多种规格的仿木条带，多为方形带，宽 4-8 厘米不等。从现有的标本看，以方木条为横木，与之相交的立木为圆木柱，其间以仿椎卯式相接。墙面为多层，为便于层层粘合，内层墙面上常做出密集的圆洞，密布如蜂窝状。墙面还有用朱、白两色相间绘出的几何形勾连回字纹图案，线条皆为宽带的直线和折线，并以两两相对的折线纹为一组。虽较为简单，却应为国内目前所见时代最早的壁画，这些建筑对后期我国祠堂庙宇的研究提供了珍贵的资料。庙的半地穴部分堆满遗物，其中除多种塌落的墙面、屋顶等建筑残件处，主要有人物塑像、动物塑像和陶祭器。

人物塑像是庙内的主要部分。经试掘，已在主室、东西侧室和南室发现了人物塑像残件。可辨认出形状的有上臂部、腿部、颈肩部、乳房、手部、眼球、大约分属于七个个体。都为粗泥胎，外表细泥质，打磨光滑。有的表面涂朱或有彩绘，它们都不同程度地表现出女性特征。以规模大小可分为三类。第一类为主室中央发现的一残鼻头和一大耳，从质地、大小看它们同属于一个个体，大小相当于真人的三倍。第二类为在西侧室清理出的手臂和腿部，均相当于真人的两倍。第三类为在主室发现的相当于真人大小的人塑残件，有右肩部、肩臂部、乳房和左手。

动物塑像可辨认的有龙形和鸟形残件各两件。龙形残件分属两个个体，一个个体发现于主体堆积上部，龙头向北正卧、有扁圆形鼻孔，吻上眼睛部分犹存。睛为泥塑，上下颚间獠牙毕露，体躯巨大，双足前伸，为中趾爪，侧二趾稍短。另一个体发现于南单室内，只有下颚部分，为彩塑，长颚涂朱，硕大的獠牙绘成白色。以上两种动物塑像的原形在牛河梁遗址发掘简报中称为猪龙。经专家观察研究，认为应为熊龙更为贴切。关于鸟形塑像，只发现鸟爪一对，出土于北室的北壁附近。爪各存一侧的二趾，弯曲并拢，每趾三节，关节突出，趾尖锐利，长度达15厘米，似一大型猛禽如鹰一类的趾爪形象。

目前出土的陶祭器有四种。一为镂孔彩陶祭器，泥质红陶，泥质纯正而甚坚硬，壁厚达两厘米，红地黑彩，图案为宽条带组成的几何形状，条带十分规整，有长方形镂孔，此彩陶镂孔祭器形制特异，规格甚大，其腹径达一米

牛河梁遗址女神庙

以上，堪称"彩陶王"。二为敛口盆，有短圆唇，鼓甚厚，饰压印条纹和之字纹，壁甚厚，体形甚大。三为薰炉器盖，细泥红褐陶质，形似倒置的豆，盖体作折盆式，大宽沿和折腹外的白棱直而锐，盖面饰细密的之字形压印点纹，间有四组长条状镂孔，盖柄细长，有大喇叭状把端。此器盖质地坚硬，形体规整。四为小型圆形盖式器，形貌如覆钵，出土四件，大小形状完全相同。

牛河梁女神庙是考古发现的中国最早的神殿，而其中女神庙里的女神像，更是炎黄子孙第一次见到的五千年前由泥土塑造出来的祖先形象。在当时，辽宁省博物馆的摄影师首次把女神头像重见天日的辉煌一瞬抢入镜头，当时照片以"五千年后的历史性会面"为题，刊登于国内外大小报刊，引起强烈反响。

在女神庙四周，环绕而建于各个山头的是许多积石冢和祭坛。其实所谓积石冢，就是用石板搭建的坟墓，墓室、墓盖、墓底、墓界都用石板，祭坛则是积石冢的附属建筑设施，这与华北、中原地区新石器时代以土坑为主的墓葬形制完全相通。另外，纵观牛河梁的所有遗址，我们也会发现，每一处积石冢都是小墓围绕大墓，四周又砌筑石墙来为框界定，大墓上面积石封土，形成高耸的山头。由此可见，五千年前红山文化的古人已形成了阶级的雏形。

四、重现远古女神

1. "女神"的渊源

女神庙的发现，不仅引起了学术界的强烈震撼，而且也导致了人们对于中国文明起源的探讨和研究。考古专家们发现，牛河梁的许多发现都和古代传说中的女娲故事有关。

牛河梁"女神"是五千年前的红山人在模拟真人的基础之上塑造出来的女神祖先，女神庙很可能就是红山古国对女娲的一种回忆、一种崇拜。我们知道，女娲是中国古代神话中最伟大的女神，是中国上古神话中的创世女神。传说女娲用黄土仿照自己创造了人，创造了人类社会。又替人类建立了婚姻制度，使青年男女相互婚配，繁衍后代，因此被传为婚姻女神，是被民间广泛而又长久崇拜的创世神和始祖神。传说盘古开辟了天地，用身躯造出日月星辰、山川草木。那残留在天地间的浊气慢慢化作虫鱼鸟兽，替这死寂的世界增添了生气。

这时，有一位女神女娲，在这莽莽的原野上行走。她放眼四望，山岭起伏，江河奔流，丛林茂密，草木争辉，天上百鸟飞鸣，地上群兽奔驰，水中鱼儿嬉戏，草中虫豸跳跃，这世界按说也点缀得相当美丽了。但是她总觉得有一种说不出的寂寞，孤寂感越来越强烈，连自己也弄不清楚这是为什么。

与山川草木诉说心中的烦躁，山川草木根本不懂她的话；对虫鱼鸟兽倾吐心事，虫鱼鸟兽哪能了解她的苦恼。她颓然坐在一个池塘旁边，茫然看着池塘中自己的影子。忽然一片树叶飘落池中，静止的池水泛起了小小的涟漪，使她的影子也微微晃动起来。她突然觉得心头的结解开了，为什么她会有那种说不出的孤寂感？原来是世界上缺少一种像她一样的生物。

想到这儿，她马上用手在池边挖了些泥土，和上水，照着自己的影子捏了起来。

捏着捏着，就捏成了一个小小的东西，模样与女娲差不多，也有五官七窍，两手两脚。捏好后往地上一放，小东西居然活了起来。女娲一见，满心欢喜，接着又捏了许多。她把这些小东西叫做"人"。

这些"人"是仿照神的模样造出来的，气概举动自然与别的生物不同，居然会叽叽喳喳讲起和女娲一样的话来。他们在女娲身旁欢呼雀跃了一阵，慢慢走散了。

女娲那寂寞的心一下子热乎起来，她想把世界变得热热闹闹，让世界到处都有她亲手造出来的人，于是她不停工作，捏了一个又一个。但是世界毕竟太大了，她工作了很久，双手都捏得麻木了，捏出的小人分布在大地上仍然太稀少。她想这样下去不行，就顺手从附近折下一条藤蔓，伸入泥潭，沾上泥浆向地上挥洒。结果点点泥浆变成一个个小人，与用手捏成的模样相似，这一来速度就快多了。女娲见新方法奏了效，越洒越起劲，大地就到处都有了人。

女娲在大地上造出许多人来，心中很高兴，寂寞感一扫而空。她觉得很累了，要休息一下，就到四处走走，看看那些人生活得怎样。

一天，她走到一处，见人烟稀少，十分奇怪，俯身仔细察看，见地上躺着不少小人，动也不动，她用手拨弄，也不见动静。原来，这是她最初造出来的小人，此时已头发雪白，寿终正寝了。

女娲见了这种情形，心中暗暗着急，她想到自己辛辛苦苦造人，人却不断衰老死亡。这样下去，若要使世界上一直有人，岂不是要永远不停地制造？这总不是办法。

结果女娲参照世上万物传宗接代的方法，叫人类也男女配合，繁衍后代。因为人是仿神的生物，不能与禽兽同等，所以她又建立了婚姻制度，使之有别于禽兽乱交。后世人就把女娲奉为"神媒"。由此就有了女娲造人的故事。这里可以看出人作为万物主宰的自豪感，那么作为古人用女娲来塑造女神形象也就可想而知了。

在上古社会，女神象征着生育，象征着大地，也象征着收获，更象征着民族生命力的延续。为此，女神受到广泛崇拜。正因为如此，女性雕塑从旧石器时代晚期到青铜器时代早期，在欧非大陆以至中南美洲的古遗址和古墓葬中普遍有所发现，并一直被社会历史研究者和物质文化史研究者摆在首要位置进行研究。唯在中国发现甚少，仅有的材料都属小型，塑造简略，而且多是器物上的附件或以附饰形式而出现的。至于女性塑像，更是缺少典型而明确的标本。直到20世纪70年代，红山文化的发现及牛河梁遗址女神塑像的发现，以确凿的考古资料证实，中国上古时期，不但有女性塑像，而且是完美的女神崇拜形象。在中国上古社会宗教意识形态中，女神崇拜同样占有主导地位。

2. 再现女神

1983年的秋季，在考古队员的潜心发掘下，一个人的面部轮廓开始在地底下显现出来，一个在地下深深埋藏了五千年的女神，终于露出了真面貌。这尊头像出土时平卧于圆形室西侧，头向东北，面略向西。头像除发顶、左耳、下唇有残缺外，面部整体保存完整。头像现存高22.5厘米，鼻宽4厘米，耳长7.5厘米，耳宽3.5厘米，嘴长8.5厘米，唇高2-2.5厘米。塑泥为黄土质，掺

牛河梁遗址女神庙

93

草禾一类物，未经烧制。内胎泥质较粗，捏塑的各部位则用细泥，外皮打磨光滑，颜面呈鲜红色，唇部涂朱。头的后半部分断缺，但较平齐，似为贴附于墙壁所致。在头后断裂面的中部可见扎禾草的痕迹，此应为塑像时所用"骨架"。头像为方圆形扁脸，颧骨突起，眼斜立，上眼皮特别是眼内角有较多的赘皮，眉弓不显，鼻梁低而短，圆鼻头，鼻底平，无鼻沟，上唇长而薄，这些都有蒙古人种的特征。头像除写实外，更有相当丰富而细微的表情流露。上唇外翻，富于动感，嘴角圆而上翘，额顶发迹平直起棱，鬓角齐整，容颜端庄而又不失高贵。女神头像高度写实，造型逼真，她的脸形为方圆形，颧骨突起，眼稍微上挑，双眼中镶嵌着两块经过抛光处理的青色圆形玉片，这种材质的眼珠在五千年后仍然炯炯有神，从而活化出一个极富生命力的女神。整个面部的艺术刻画比例协调，造型健美柔和，又追求内蕴神态和情感流露。据说这个头像体现的是蒙古利亚人种，与现在的华北人脸形相似。

牛河梁女神头像具有很强的艺术表现能力，揭示了中国原始社会雕塑辉煌的新篇章。

目前，牛河梁女神庙遗址已被列为全国五大考古发现之一，国内考古权威称它为"海内孤本"，现已定为国家级重点文物保护单位。这尊大型女神头像，被专家们誉为"东方的维纳斯"。

3. 活现女神

女神头像出土了，那么对于她原来的模样人们翘首以待。2008年4月初，朝阳市旅游局召开了一次特殊的座谈会，邀请中国刑警学院教授赵成文复原牛河梁女神。这一消息引起了很多媒体和考古爱好者的关注。赵成文是中国刑警学院首席教授、著名刑事相貌专家、痕迹考古学家，曾先后成功复原过长沙马王堆女尸、《西游记》作者吴承恩、楼兰美女、清代香妃等古人的相貌。这次复原女神，虽说是经验丰富，但仍感压力很大，因为东方女神是受到国人关注、世界瞩目的。为此，他倾注了全部的心血。他与弟子们三下朝阳现场考察，与有关同志座谈；天天上网查阅有关资料；跑沈阳，到北京，进图书馆，进大专院校，虚心向有关专家请教。拍了无数张照片，做了上千张图片，反复斟酌精心制作。功夫不负有心人，大神相貌于 2008 年 6 月 16 日圆满制作完成，17 日通过媒体面世，展示了中华母祖，东方女神的本来面貌。复原的女神端坐在牛河梁的大地上，背景是漫天的云朵，云层中透出万道霞光，象征着人类已冲破黎明前的黑暗，迎来东方文明的曙光。曙光中，女神盘腿而坐，头带花环，这花是世界上第一朵花播撒的种子，这种子生根、发芽、开花，五颜六色，万紫千红。女神采集各色花朵，编织为头饰，象征着人类的繁荣和昌盛。女神右手拿着一支绿中缀满花蕊的花，把爱洒向人间、洒向万物生灵。左手为拇指和中指相连的手式，祭天祭地为民祈福。女神那宽宽的额头、浓浓的眉毛、大大的眼睛、高高的颧骨、相称的耳朵、上翘的嘴角、略带微笑的面庞……多么庄重慈祥，对后人充满寄托、充满希望、充满祝福。女神那隆起而略下垂的乳房、突出的腹部，象征着人类的生育，象征着民族的延续。这就是 5000 年前远古先民崇拜的中华母祖——东方女神。

4. 女神崇拜

女神是人类的一种对偶像的崇拜，是在人类进入父系氏族社会初期对先祖的崇拜，我们知道人类从产生语言、意识、思维起便开始了对自身及周围世界的认识。一方面自然界给人类提供了阳光雨露、土地森林、衣食住行等各种生存条件。另一方面毒蛇猛兽、地震火灾、旱涝虫瘟等等都在无情地威胁甚至摧毁着人类的生命和家园。结果造成人类对无常的自然现象的迷惑不解。久思而不得其解，人类便逐渐对自然物和自然力产生了敬畏感、依赖感和神秘感，以为万物万象背后都有一个主宰，其能力无穷，可以给人类赐福，也可以给人类降祸，它们是自然的神灵，只有对它们顶礼膜拜，才能得到他们的保佑，这就是人类最早的自然崇拜。根据神话传说、文献记载、考古资料可知，我国最初的自然崇拜的神灵有日

牛河梁遗址女神庙

月星辰、风雨雷电、山川湖泊、动物植物等。随着生产力的发展，人类的思维也活跃起来，开始有意识地思考人类自身来源问题。原始先民虽然也是通过男女交合来繁衍后代，但人类最初的繁衍却是自然神恩赐的，即女性是受到自然神的感应而生育的。这种自然神就是生活中的动物和植物。在"只知其母"的母系氏族社会里，认为是其祖母受某种动物和植物感应而繁育了本氏族。那么，这种动物或植物就是本氏族的"祖先"。这种所谓的"祖先"就与本氏族有了血缘关系。因此，具有血缘关系的氏族，就共同崇拜同一种动物或植物，逐渐地这种被崇拜的动物或植物，就成为这个氏族的族徽，人类也从自然崇拜演变到了图腾崇拜。初步产生时，图腾的形象与自然形态极为相近，即图腾形象是羊、虎，那么，氏族人就崇拜实实在在的羊、虎。图腾崇拜的鼎盛时期，强化了祖先意识，从而形成了"兽的拟人化"形象，图腾的形象开始从动物模样演变到半人半兽的图腾神物。远古时代中国最早的两位神祇伏羲和女娲就是人首蛇身。《山海经》中所描绘的"龙首人身怪""人面虎身怪"等半人半兽，均是图腾的化身。随着人类对自然控制力的增强，对动植物的认识也有了提高。人们从畏惧、屈从和崇拜动植物，发展到驯养动物，栽培植物。可以说生产力的飞跃，带来了人们观念的飞跃。他们不再把图腾视为祖先，而认知了氏族的先辈就是自己的祖先；也不再崇拜具体的图腾，而是在直接崇拜的基础上加上逐渐形成的对生殖崇拜的传宗接代意识和血缘氏族的寻根意识的逐渐增强。传宗接代是氏族发展的根本，统一的祖源是巩固氏族团结、稳定氏族社会的关键。这种社会的需求，要求人们必须对先祖进行纪念和崇拜。在"知其母而不知其父"的母系氏族社会，包括父系氏族社会的初期，人们崇拜的祖先只能是女性。而随着父系社会的发展，男权得到了强化，人们崇拜的祖先也就深化为男性了。这些被先民崇拜的女性、男性就是我们后人崇拜的始祖。牛河梁遗址中发现的女神庙是红山先民部族集团的宗庙，是红山先民祭拜先祖的圣地。而女神庙出土的女神像正是红山先民祭拜的女始祖。可以想象，在祭祀的日子里，居住在周围的红山部族先民从四面八方聚集在女神庙北侧4万平方米的广场上，在大巫的统一号令下，举行盛大的祭祀仪式，那是何等的庄严和壮观。女神端坐神庙，微笑着接受子民的膜拜，又是何等的尊贵与神圣。在中国的大地上，红山先民们从远古的自然崇拜，演化为进步的图腾崇拜，从图腾崇拜又逐渐发展成文明的祖先崇拜，这是经济发展的必然，是意识形态领域的飞跃。正是这一飞跃，带来了社会的变革，带来了文明的曙光。因此，红山先民才集聚一堂，庄严而虔诚地祭拜为他们赐福的女祖。这个伟大的女祖是红山先民部族集团的母祖，也应该是中华民族的母祖。因为到目前为止，这是我国发现的最早的模拟真人塑造的母祖像。正如中国考古学会理事长苏秉琦先生所说："'女神'是五千五百年前的红山人模拟真人塑造的神像（或女祖像）而不是由后人想象创造的'神'，她是红山人的女祖，也就是中华民族的共祖。"

五、神奇古玉

1. 玉文化

中国玉文化世代传承。玉纳天地之灵气，采日月之精华，他代表着吉祥、富贵，更有无穷的美好寓意，世人经常以玉来自喻，可以说他是高尚情操的象征。人们常说：黄金有价玉无价。所以有了"口中含玉，一诺千金"的说法。中国人把玉称为天地精气的结晶，作为人神心灵沟通的中介物，这样玉就有了不同寻常的象征意义。如果你去细细品味就会发现，在我们中国人的眼里，玉器是一种与众不同的东西，玉器已经超越了自然物质的范畴，成了一种精神寄托和一种精神境界的标志。

2. 红山特色玉

红山文化的墓葬有一独特之处，即只随葬玉器。牛河梁的1号冢是出土玉器数量最多的墓葬之一，但就是在这样一座随葬品如此丰富的墓中，竟无新石器时代墓葬中普遍随葬的陶器。郭大顺先生在对红山文化已发现的墓葬及随葬品情况做了统计分析之后，得出了红山文化具有"唯玉为葬"的特征的结论。

红山文化的玉器可分为三类：一为斧、凿、锛、铲、刀等工具和兵器；二为动物雕塑，如龙、虎、龟、蝉、熊等；三类可暂称为"饰品"，是被赋予了一定意义的具有某种特定形状的器物，如勾形玉佩、连环饰、琮、箍、璧、环、璜等。红山文化中的墓葬玉器除了常见的玉镯、玉箍、玉璧等外，还有比较特别的玉龙、玉龟、玉凤、玉人。而其中最为夺目的亮点就是玉猪龙。根据考古发现，在牛河梁第四号墓葬里，埋葬的除了一只枕于头下的玉箍形器之外，另外两件随葬品都是珍贵的玉猪龙。两只玉猪龙安放在人体胸腔，一大一小，大的 10 厘米左右，小的充其量 6-7 厘米，一绿一白，绿的晶莹清澈，白的泛着微黄，两只玉猪龙头朝下，背靠着背而眠的样子，通体胖嘟嘟的，头部肥大，支楞着饱满的双耳，嘴和鼻梁都有活灵活现的褶纹，两只圆圆的大眼睛微微凸起，其神态非常像女神庙对面的玉猪首山。

红山文化墓葬中往往有成批的玉器出土，这些玉器一般个体都较小，且有对穿孔，被认为是佩饰(或祭祀用具)，其中各种动物类的玉饰雕琢尤为精细，如玉龟、鱼形石坠、玉鸟、双龙首玉璜、玉猪龙等。这件玉猪龙肥首大耳，圆睛怒睁，眼周有皱纹，吻部前突，也有多道皱纹，口微张，獠牙外露，背部卷曲如环，是猪首龙身相集合的形态。这类玉器不应仅仅被视为佩饰，而应是代表某种等级和权力的祭祀礼器。玉猪龙整体呈"C"形，口微张，兽首肥大，双耳竖立，吻部前突，鼻尖以阴刻线饰多道皱纹，背部对穿双孔。在出土和传世的此类器物中，绝大部分已发表的同形器高均在 15 厘米以下。该器对研究和认识红山文化玉器具有重要价值。"玉猪龙"体肥，有的嘴与尾相连，有的嘴尾断开，蜷曲成"C"形，像人的耳朵，是猪与蛇形象的融合。

另外，一些专家提出了"熊龙"一说，认为从"玦"形龙的嘴部形状分析，似乎和熊的嘴部比较接近。这一说法既新鲜又不无道理，更主要的是，如果"玦"形龙真的是熊龙，那么就和黄帝被称作"有熊氏"的传说暗合。这些专家认为，玉猪龙不像猪不像龙却像熊，因为在发现玉兽形的地方有熊崇拜的风俗，又曾有熊图腾。原因是：红山古玉中有"丫形器"，有人认为是玉兽形的一种变

体。其模样是两耳耸立，看上去像熊。猪的耳朵虽大却耷拉下垂，而熊则耳朵耸立而有神韵，不仅会站立而且会行走。与器形相比较，熊直立时似"丫形器"，蹲下时似玉兽形。其次，红山文化地域博大，特别是在东北地区，历史上确有熊崇拜的风俗。鄂温克族萨满教是原始宗教的一种晚期形式，图腾上的熊被尊为祖先熊，为该教的守护神。此外，在祭礼仪式中，还有隆重的祭熊和风葬仪式。鄂伦春族也是一个熊崇拜的民族，他们称公熊为"合克"（祖父），称母熊为"恶我"（祖母），猎熊时假托别人所为，把杀死熊的刀说成没有刃口的钝刀，把熊的死说成睡觉，吃熊肉时学乌鸦叫，送葬时还需哭泣致哀，并再三祷求熊的保佑。另外，在东北地区民间传说中，有许多与熊崇拜相关的故事。如一母熊将幼熊一撕为二，一片依然是熊，另一片则成为鄂伦春人的祖先。又传说，一猎人打杀了一只熊，后来发现居然是失踪多年的妻子，以证熊就是人的化身。

红山文化出土玉器中还有一类非常典型的器物，它们成中空的"管状马蹄形"，从出土情况来看，这一类玉器大多出自红山文化的墓葬之中，其中在辽宁省建平县的牛河梁红山文化遗址"女神庙"附近的墓葬中多有发现。由于它成管状，有"通灵之意"，应该是原始宗教中沟通天地的通神之物。根据专家所说，红山文化马蹄形玉器与当时古代居民的原始宗教有关。由于马蹄形玉器呈筒状，有"通灵之意"，是原始宗教中沟通天地的通神之器。这种玉器名叫玉凤，为淡青色玉，局部夹杂灰白色沁与瑕，扁薄片状，正面雕琢凤体，羽毛以阴线刻画，整体雕刻非常精细。

距今六千五百年至五千年前的红山文化时期，燕辽地区，山地、丘陵、湖泊和河流交错纵横，有利于候鸟的生存繁殖与迁徙。今天赤峰市克什克腾旗的达里诺尔湖，还被称作"天鹅湖"，每年十月中旬，在这里栖息的天鹅最多时可达五六万只。红山文化先民们对天鹅情有独钟，是因为天鹅不仅可以常常见到，而且还代表着幸福和吉祥。玉凤用自然界中的天鹅来具象写实，表达了红山先民们追求幸福生活的美好愿望。

玉龟是红山玉器中的另一种，那么，五千多年前的红山先民，为什么要手握玉龟入葬呢？在中国古代，乌龟作为一种神圣的灵物而受到人们崇拜，它被看做是祥瑞之物，跟龙、凤、麟三者并称为"四神"。我们从古籍中得知：龟一千年生毛，五千岁谓之神龟，寿万年曰灵龟。这样看来乌龟应该是象征长寿的代表物。而五千年前的红山先民，则希望他们能够像龟一样长寿，像龟一样不受侵害。由此可见，玉龟已经成为红山文化的典型玉器。在此后人们还发现了玉雕熊龙，玉雕熊龙有望解黄帝传说谜团。

多年来，包括黄帝祖籍在内的有关传说只见于古籍记载，均无考古实证。近年，红山文化考古玉雕熊龙的发现，为古籍中包括黄帝祖籍在内的有关传说提供了重要实证。

夏以前的"五帝时代"因无史料，只能凭借传说推测。在这些传说中，黄帝的传说最为引人关注。

传说黄帝为中原各族共同祖先，本姓公孙，号轩辕氏，又号有熊氏。相传当时，神农氏后代道德衰微，部落间常"龙战于野"，但神农氏无力征服他们。在这种情况下，轩辕就不得不动用军力去征讨他们。当时，炎帝想凌驾于各部落之上，常扰乱各部落。于是，各部落就拥戴轩辕为领袖，与炎帝作战。后轩辕在阪泉(今河北涿鹿东南)打败炎帝。之后，四方部落尊崇轩辕做天子，代替神农氏，这就是黄帝。传说黄帝死后，由孙子高阳即位，就是颛顼。颛顼死后，由重孙高辛即位，就是帝喾。帝喾死后，由其子帝挚即位。帝挚即位后，发现能力不如弟弟放勋，就把帝位给了放勋，这就是帝尧。尧传位舜，舜传禹，禹建夏朝。古书中有关黄帝传说的记载还有许多，如驯化鸟兽昆虫等。然而，这些传说一直缺乏实证。但随着辽河流域红山文化考古的不断深入，特别是玉雕熊龙的发现，使黄帝的一些传说有了依据。

牛河梁遗址女神庙

3. 红山玉的历史地位

根据有关研究成果，对至高神"上帝"的崇拜观念并非发生在商代，而是在史前时代就已出现。巫是人神之间沟通的使者，红山文化随葬有众多玉器的主人或许正是这样的巫。玉器乃是巫师代表人奉献给神的礼物，同时又通过玉器来表示神的存在，即"以玉示神"。巫师在与至上神沟通时还要用一些有灵性的动物作为自己通神的助手，那些动物玉雕以及神女庙中的动物塑像正是这样一种观念的展现。

红山文化出土的多种形态的玉器充分说明在当时已经有了非常大的天然玉器体系。

中国古代遗址

六、玉猪龙传说

1. 玉猪龙

红山特色之中国"玉猪龙",又叫"玉兽龙",最早发现于辽宁省的建平县内,学术界为其取名曾有过一段争论。有人认为是猪,有人认为是龙,在没有结论的情况下才定名为玉兽形,"玉猪龙"是俗称。还有叫"猪母龙""猪嘴龙""龙胎"的,不一而足。

龙的起源有各种说法,有云变说、闪电变说、蛇变说、牛变说、马变说、鳄变说、鱼变说、蜥蜴变说、海马变说等等,但更多的是"猪变说"。在众多红山文化玉龙中,玉猪龙是红山文化龙形玉器的典型代表,在红山文化分布区域内多有出土,采集品和传世品也较多。从已经公开发表的玉器图录来看,包括国内外的公私收藏,起码有三十多件。

一般来说,原始人的崇拜物大多来自于某种自然界客观存在的动植物,而原始艺术大多是对自然物的一种模仿。龙在自然界是不存在的,那么玉猪龙的原型究竟为何物,说法不一。由于玉猪龙的头部明显具有猪的特征,又因为在红山文化遗址中发现了猪的骸骨,有的还排列整齐,其中既有野猪也有家猪,所以大多数人认为玉猪龙的原型可能是猪。持这种观点的人认为,猪是史前时代东北地区重要的随葬品,这种丧葬仪式只有在社会已经把猪作为财富的象征时才能出现。红山文化的先民们在自己的生活中,经历了从狩猎野猪到豢养家猪的漫长历史过程。在捕捉野猪的过程中,一定受过野猪的伤害,因此惊畏野猪的凶猛和暴烈。出于崇敬以及希望获得野猪的力量心理,故雕塑野猪的形象。随着时间的推移,人类开始把猪的形象理想化,所雕野猪的形象被拉

牛河梁遗址女神庙

长了躯体，开始向龙的形象演变，逐渐成为部落的图腾，并把它作为沟通部落内部联系和增强内部凝聚力的纽带。这样，就出现了猪首龙神像这样的雕塑。

红山文化玉猪龙的原型，很可能是猪的早期胚胎。在东山嘴红山文化遗址中，曾经发现大量的猪骨，在兴隆沟遗址发现了十五个野猪头和两个鹿头。在红山文化长达几千余年的历史长河中，红山先民在屠宰过程中完全可能发现不同阶段的猪的胚胎，它们对于这种生命的演变还不可能作出科学的解释，只是怀着敬畏之情来观察这种变化并将其神化，然后在自己的艺术创作中雕凿这些神灵之物，最终以自己的非凡想象力将其升华为龙。这有一定的道理，凡读过生物进化论的人都知道，包括人类在内，所有脊椎动物的早期胚胎在外形上都很相似，全都长着一个大大的脑袋和蜷曲有尾的身子。这恰好与玉猪龙的形态相吻合，其中尤以猪的早期胚胎与玉猪龙最为相近。红山的先民从事渔猎和畜牧，能够接触到猪的胚胎当在情理之中。或许他们早就发现人与猪的早期胚胎十分相似，因而产生出一种人猪共祖的图腾概念，进而把猪的胚胎作为一种代表其祖先神灵的图腾物来加以崇拜。

考古学家认为，在辽河流域出土的玉龙形象，证明了龙是多种动物的结合体，而且确知这些动物原型中有猪、鹿、熊和鸟。它们相互影响，相互结合，经过人们不断地艺术加工、提炼，最终定型。

经反复研究红山文化玉器龙的形象，有学者认为，猪在龙的演变过程中，至少占有十分重要的一席之地。猪，最早出现在四千万年前。强健的野猪生性暴躁，喜好单独行动，敢于与狮、虎争斗，且能时常占得上风。即使现代猎人也常用"一猪二熊三虎"来形容它们的凶悍。古人还有"狼奔豕突"的说法，可见野猪之勇猛。尽管红山原始氏族人同样具有神兽般凶悍善斗的性格，但对于比自己强大而凶猛的动物仍具有畏惧心理，并且由畏惧衍生出崇拜。对于远古的氏族社会的人来说，动物或者象征神器的物品都是有灵魂的。红山文化玉猪龙就是原始氏族人出于对猪既敬畏又向往的情感，用抽象夸大的变形艺术手法创造的巫灵崇拜物。它既非对自然物的摹写，也不是众多物象的简单拼合，而是进行了大胆的取舍、夸张，创造出的一种崭新的艺术形象。作为敬神器物，它寄寓了原始氏族人心灵许愿的内涵，使用者便是拥有崇高权力地位的神化了的人。所以玉猪龙的形象，实质上是半兽半神的动物崇拜物。

2. 独特的用途

每个玉猪龙的背部都有一个到两个对钻的圆孔，这样似乎可以作为饰物系绳佩挂。从出土时成对的位于死者胸前的情况看，用作佩饰的可能性非常大。但是高度达到 15 厘米以上的大型玉猪龙，从他的重量和形体大小来看已经不适合佩戴了。据此许多研究人员认为，玉猪龙不仅仅是一种饰物，更是一种神器，一种红山先民所崇拜、代表祖先神灵的图腾物。

在众多的红山文化玉龙中，玉猪龙是红山文化龙形玉器的典型代表，在红山文化分布区域内多有出土，采集品和传世品也较多。从已经公开发表的玉器图录来看，这些猪形玉器，十分写实，基本保留了猪的形象，形制大体相同，身体蜷曲，头部似猪，竖耳圆眼，吻部前突，前端并列双圆鼻孔，口微张，露出獠牙，鼻梁上带有明显的皱纹，以阴刻线表现眼圈、皱纹，首尾相连或断开，器体厚重，造型粗犷，中央的环孔光滑，背部有一两个可穿绳系挂的孔。有人说，首尾相连的玉猪龙脱胎于玉环，最初它的边缘是锋锐的，用来刮兽毛，后来像石斧一样演变成一种祭神礼器。

七、龙的传人

1. 中华第一龙

1987 年在位于河南省濮阳县城西水坡仰韶文化遗址发现"中华第一龙"。在一个墓室中部的壮年男性骨架的左右两侧，有用蚌壳精心摆塑的龙虎图案，龙图案身长 1.78 米，高 0.67 米，昂首、弓身、长尾，前爪扒、后爪蹬，状腾飞。虎图案身长 1.39 米，高 0.63 米。虎头微低，圜目圆睁，张口露齿，虎尾下摆，四肢交替，如行走状，形如下山之猛虎。墓主人的两侧用蚌壳精心摆塑的龙虎图案，被考古学者验定为"中华第一龙"。

俗话说中国文化有"上下五千年"，随着红山玉龙的问世，这样有着六千年历史的"中华第一龙"，见证了中华民族为龙的子孙的事实。那么象征着中华民族的神龙标志——红山玉龙，是如何发现的呢？

1971 年内蒙古自治区翁牛特旗三星他拉的村民在植树造林的时候，在距离地表面 50 厘米的地方，无意间发现了一件玉龙，经过专家们研究证明，最后鉴定此玉龙为红山文化的遗物。这件玉龙为所知道的红山玉龙中最大的一件。

中国古代遗址

此玉龙由墨绿色软玉雕琢而成，高 26 厘米，重 1000 克，通体磨光，龙身蜷曲呈现 "C" 字形，因此被命名为 C 形玉雕龙。吻部前伸，上面有两个小眼作为鼻孔，眼为梭子形，颈部起长鬃，呈弧形向后背飘动。龙背上有一个小孔如系绳悬挂，龙的首尾正好在一条水平线上。此龙遒劲有力，俊逸神奇，神采飘扬，给人一种向上腾飞的感觉。

红山出土的这件 C 形玉雕龙无足、无爪、无角、无鳞、无鳍，它代表了早期中国龙的形象。赤峰发现玉雕龙的消息传遍了全世界，渴望了解玉雕龙的人们，把探询的目光投向红山，而关于龙的原型的讨论也因此开展起来。最后据考证，他的形体作弯钩状，可称作 "勾龙"。另外有一些学者认为，此 "C" 字形玉龙的头部具有猪的特征，特别是玉龙颈后部被误认为是猪鬃，因此而将它看做是红山玉猪龙的一种变体。其实只要稍微观察细致点，就能发现两者有很多不同的地方。玉猪龙的眼是圆形的，而 "C" 字形玉龙的眼为细长的梭子形；玉猪龙头部有两只竖立的大耳，而 "C" 字龙的头部根本看不见耳朵，最主要的是 "C" 字龙颈后部的长鬃直立而且很坚硬，而玉猪龙颈后部的长鬃翻卷飞扬，但可以说颈后有鬃可以看做是龙的固有特征。

近些年来，此类 "C" 字龙形玉龙在内蒙古地区屡屡发现，但是其形体大小不一，但是形制和工艺等基本上是相同的。说明早在五千年前的红山文化时期，龙就已经成为了中华民族祖先的一种图腾物标志。

2. 中华龙史

玉龙显然是红山文化玉雕中最夺目的亮点，其独特而精美的器形以及众多的出土数量使它成为红山文化出土玉器中最具代表性的器物种类。同时，"龙的起源" 这一流行多年的热点问题又因红山龙的出土而再度升温。由此可见，玉龙，作为红山文化中的代表文物，也作为中国远古 "龙" 的代表，在 "龙文化" 史上也占据着非常重要的地位。

夏、商和周这三个时代是中国古代文明的

发展成熟阶段。史料记载这三代王室的祖先都是黄帝的直系子孙，夏朝有黄龙图腾，在古代的大禹治水中，黄龙曾经协助夏王朝的始祖大禹治水，平定水灾。商朝是我国青铜器文化发展的高峰期，龙的形象在制作精美的青铜器和玉器上大量出现，龙文化得到了空前的发展和传播。

到了秦汉以后，龙被封建帝王用作自身的象征。秦始皇就曾经被司马迁称之为"祖龙"，而汉高祖刘邦，更是我国历史上第一个将自己的身世和龙联系到一起的黄帝。从此以后，历代黄帝都把自己称之为"真龙天子"，把自己的子孙称之为"龙子龙孙"。

而在民间，龙也曾被看做是一种吉祥动物，成为具有悠久传统的十二生肖之一，他自始至终都得到了老百姓的喜欢和崇拜，舞龙舟、舞龙灯也一直是中国人逢年过节长盛不衰的庆祝活动。这样源远流长的龙文化也已经成为中华文化的源头之一了。

秦始皇陵兵马俑

　　秦始皇陵是中国第一位皇帝秦始皇的陵墓，也是中国历史上第一个规模比较大的帝王陵寝，它位于中国陕西西安市以东30公里的骊山。现存陵冢高76米，陵园布局仿照秦都咸阳而成，分内外两城，陵冢位于内城西南，坐西面东。现已挖掘出的部分为其兵马俑陪葬坑。1978年，时任法国巴黎市长的雅克–希拉克参观兵马俑时，称其为"世界第八大奇迹"。1987年，秦始皇陵及兵马俑被列为世界文化遗产。

一、铁腕统治者

秦始皇（公元前259-前210年），是秦王朝的开国皇帝，后人称他为"千古一帝"。姓嬴，名政，秦庄襄王之子，出生于赵国（今河北省邯郸市），故氏赵（先秦时期，姓氏还没有统一，男子称氏，女子称姓，所以又叫赵政）。公元前246年，嬴政13岁即位，由于年纪还小，朝政由太后和相国吕不韦掌管，大宦官嫪毐因为受太后的宠爱，权势很大。公元前237年（秦王政九年），嬴政在故都雍城举行了成人加冕仪式，从此正式登基亲理朝政，先后除掉吕、嫪等人，重用李斯、尉缭等人，积极筹划统一大业。公元前230年至前221年，先后灭韩、赵、魏、楚、燕、齐六国，完成了统一全国的大业，建立了中国历史上第一个统一的、多民族的、专制主义中央集权制国家——秦朝，定都咸阳。秦国统一天下以后，秦王嬴政功成名就，踌躇满志。他在一次朝廷会议上得意地回顾了兼并各国的过程，认为自己的功劳胜过以前的三皇五帝，"秦王"的称号实在不足以表现自己的尊严，于是令群臣商议称号。大臣们诚惶诚恐地讨论半天，选择了三皇中最尊贵的"泰皇"为帝号，但是嬴政还是不太满意，最后，

兼取三皇五帝的尊称，定帝号为"皇帝"，并宣布自己是这个国家的第一个皇帝，即"始皇帝"，希望把他所开创的帝业让后世子孙代代相承，递称二世、三世皇帝以至传之无穷。秦始皇还命令玉工雕琢传国玉玺，上面刻着李斯篆书"受命于天，既寿永昌"八个大字，作为封建帝王万世一统的象征。

为了有效地管理国家，也为了替子孙万代奠定基业，秦始皇吸取了战国时期设置官职的具体经验，建立了一套相当完善的中央集权制度和政权机构：在中央设丞相、太尉、御史大夫，他们是中央机关的首脑，称为"三公"。他们权力平衡，职责分明，而且必须听命于皇帝。"三公"的下属是负责各部门具体事务的"九卿"。秦王朝建立的这套中央集权的政权机构，一直被历代王朝所仿效。其中汉代的"三公九卿"，基本上是照搬秦制。秦始皇统一六国后，采纳李斯的建议，废除分封制，改行郡县制。地方行政机构分郡、县两级。郡县主要官吏由中央任免。

秦始皇统一中国后，建立了许多前无古人的丰功业绩，影响较大的有：统一文字；废封国，立郡县；统一货币和度量衡；车同轨，道同距；修建灵渠；修建长城；北击匈奴，夺回河套地区。

根据史书记载，嬴政即位的次年（公元前 247 年）就开始修陵

墓。到公元前 208 年完工，历时三十九年。由于秦始皇陵的修建时间长，在不同的时期内，应该有不同的官吏来负责。从选择陵址到秦始皇执掌国政前，这段时间应该是由丞相吕不韦负责。从吕不韦被罢官直到秦始皇统一中国，这段时间由负责宫廷建筑工程的司空管理。秦始皇统一中国后，先是由丞相王绾负责，后来由丞相李斯监管。李斯死后，秦陵工程并没有彻底完工，而是由少府章邯继续监造，直到秦末农民起义军进入关中。总共征集了七十二万人力，几乎相当于古埃及修建胡夫金字塔人数的八倍。

秦始皇虽然开创了前无古人的大事业，但他作为封建统治阶级的代表，穷

奢极侈，严刑峻法，无休止地残暴奴役百姓，给人民带来了极大的灾难，使人民的生活日益困苦。残暴的统治加剧了社会的动荡，在秦始皇统治的最后几年，已经是"山雨欲来风满楼"，小规模的反抗活动早在各处发生了，各种矛盾都在酝酿、激化，等到时机成熟，便会爆发出来。

公元前210年，刚满50岁的秦始皇在沙丘平台（今河北平乡）与世长辞了。秦二世的昏庸和残暴的统治，进一步加速了秦王朝的覆灭，在秦末农民大起义的冲击下，只存在了十五年的秦朝就灭亡了，秦始皇所梦想的万世帝业也没能延续下去。那么，秦始皇死后下葬在哪里呢？他的陵墓为什么如此神秘呢？下面，我们就随着考古的发现来进一步认识和了解这座"千古帝王"的盖世陵墓。

二、盖世皇陵

秦始皇——这位叱咤风云的旷世君主，不仅为后人留下了千秋伟业，还留有一座神秘莫测的皇家陵园。

秦始皇陵位于今陕西省西安市临潼区东约五公里的骊山北麓，它南依骊山的层峦叠嶂之中，山林葱郁；北临逶迤曲转、似银蛇横卧的渭水之滨。高大的封冢在巍巍峰峦中与骊山浑然一体，景色优美，环境独秀。陵墓规模宏大，气势雄伟，是中国历代帝王陵园中规模最大、埋藏物最丰富的一座大型帝王陵园。1961 年被国务院公布为全国重点文物保护单位；1978 年 12 月，被联合国教科文组织列入《世界文化遗产名录》。

陵园按照秦始皇死后依然享受荣华富贵的原则，仿照秦国都城咸阳的布局建造，大体呈回字形，总面积为 56.25 平方公里。陵上封土呈四方锥形，原来底面积约 25 万平方米，高约 115 米，但由于经历两千多年的风雨侵蚀和人为破坏，现在封土底面积约为 12 万平方米，高度为 76 米。陵墓周围筑有内外两重城垣，陵园内城垣周长 3870 米，外城垣周长 6321.59 米。内外城郭有高约 8 至 10 米的城墙，至今还残留遗址。陵区内目前探明的大型地面建筑有寝殿、便殿、园寺吏舍等遗址，墓葬区在南面，寝殿和便殿建筑群在北面。

在内城和外城之间，考古工作者发现了葬马坑、陶俑坑、珍禽异兽坑，以及陵外的人殉坑、马厩坑、刑徒坑和修陵人员的墓室。目前已发现的各种陪葬坑和墓葬共有五百多处。

（一）秦始皇陵的选址

按照古代礼仪规定，帝王一即位，就要预先为自己修建陵墓。所以年仅 13 岁的嬴政刚刚做了秦王，便在骊山给自己修陵。

为什么要把陵址选在骊山呢？

据有关典籍记载，最早解释这个问题的是北魏时期《水经注》的作者郦道元，根据他在《水经注》中的记载，"骊山山南产玉石，山北产黄金，是一个美丽的地方。秦始皇喜欢这个美好的名字，所以把陵墓选在这里"。古人对玉非常重视，认为玉是阴阳二气中阳气的精，而黄金从古至今都是十分珍贵的金属。《水经注》的解释单从表面上看似乎是有一定的道理，然而仔细回味起来，秦始皇当年作为一个13岁的孩子能否辨别蓝田的黄金与美玉还是个问题。即使知道，陵墓位置的选择恐怕也不会以国王个人的爱好和想法来决定。所以这个问题似乎应该从当时的礼制及陵墓的设计意图方面寻找答案。

首先，陵墓位置的确立与秦国前几代国君墓的位置有很大的关系。秦始皇先祖及太后的陵园葬在临潼县以西的芷阳一带，秦始皇陵园选在芷阳以东的骊山是当时的礼制所决定的，因为古代帝王陵墓往往按照生前居住时的尊卑上下排列。《礼记》《尔雅》等书记载："南向、北向、西方为上。"东汉《论衡》一书记载得更明确："夫西方，长者之地，尊者之位也，尊者在西，卑幼在东……夫墓，死人所藏；田，人所饮食；宅，人所居处，三者于人，去凶宜等。"即在芷阳的宣太后也希望她的陵墓能葬在她丈夫与儿子之间，即"西望吾夫，东望吾子"，似乎也是按长辈在西、晚辈居东的原则。秦始皇先祖已确知葬在芷阳的有昭襄王、庄襄王和宣太后。既然先祖墓均葬在临潼县以西，那么作为晚辈的秦始皇只能埋在芷阳以东了。如果将陵墓定在芷阳以西，显然就违背了传统礼制。可见，秦始皇陵园选在骊山脚下完全符合晚辈居东的礼制。

其次，陵墓位置的选择也与当时"依山造陵"的古代风水迷信的观念相关。大约自春秋时代开始，各诸侯国国君相继兴起了"依山造陵"的风气。许多国君墓不是背山面河，就是面对视野开阔的平原，甚至有的国君墓干脆建在山巅之上，以显示生前的崇高地位和皇权的威严。春秋时期的秦公墓也受这种观念的影响，有的"葬西山"，有的葬在陵山附近。战国时期的秦公墓依然承袭了"依山造陵"的典范，而秦始皇陵墓造在骊山也完全符合"依山造陵"的传统观念。它背靠骊山、面向渭水，而且这一带有着优美的自然环境。整个骊山唯有临潼县东至马额这一段山脉海拔较高，山势起伏，层峦叠嶂。从渭河北岸远远望去，这段山脉左右对称，似一座巨大的屏风立于秦始皇陵后，站在陵顶南望，这段山脉又呈弧形，陵位于骊山峰峦环抱之中，与整个骊山浑然一体。

这里，还有一个神话故事说明秦始皇和骊山的关系是很密切的。骊山是一座死火山，山上有许多温泉，温泉中水流出地面的温度是43℃，水中含有许多矿物质，可以治疗皮肤病和风湿病。传说秦始皇曾在这里遇到一位漂亮的神女，情不自禁调戏了她。神女大怒，往他脸上唾了一口。于是，秦始皇便生了一身恶疮，久治不愈。他只得去向神女叩头谢罪，神女赐给他温泉洗脸，疮才好了。后来，秦始皇在骊山上修建了沐浴之处，常以温泉洗浴。

（二）秦始皇陵的建造

"秦皇扫六合，虎视何雄哉。刑徒七十万，起土骊山隈。"

这首脍炙人口的诗出自大诗人李白笔下，它讴歌了秦始皇的辉煌业绩，描述了营造骊山墓工程的浩大气势。的确，陵园工程之浩大、用工人数之多、持续时间之久都是前所未有的。

陵园工程的修建伴随着秦始皇一生的政治生涯。当他13岁刚刚登上王位时，陵园营建

秦始皇陵兵马俑

工程也就随之开始了。古代帝王生前造陵并不是秦始皇的首创，早在战国时期，诸侯王生前造陵之风已开始盛行。如赵肃侯"十五年起寿陵"，还有平山县中山国王的陵墓也是在其生前营造的。秦始皇只不过是把国君生前造陵的时间提前到即位初期，这是秦始皇对旧制的一点改进。陵园工程修造了三十多年，直至秦始皇临死之际尚未竣工，秦二世即位之后又修建了一年多才基本完工。

纵观陵园工程，前后可分为四个施工阶段：

第一阶段是初建期，从公元前247年到公元前231年。这一阶段，嬴政执掌国政时间不长，还无暇顾及修陵，因此建陵的规模不大。

第二阶段是扩充期，从公元前230年到公元前221年。这一阶段，是秦国进行大规模的统一战争时期。当时的秦国已经非常强大，无论军事力量还是经济实力都是很雄厚的，因而修陵工程比前一阶段有了进一步的发展扩大。最显著的标志是公元前230年秦设置了丽邑，建立专门的政府机构来负责管理秦始皇陵墓的修建工程。第二阶段虽然比第一阶段所投入的劳动力多，修建的规模大，但当时秦国的主要精力还是放在更大规模的兼并战争上，因此，所用的劳动力还是有限的。

第三个阶段是全面展开时期，从公元前221年到公元前209年。秦始皇刚统一全国，就将陵墓的修建工程推到了前所未有的阶段，规模扩大，项目增多，从全国各地征发了七十二万人来修建陵墓。像这样庞大的工人数量，在古今中外的历史上是绝无仅有的。被称为世界奇迹的古埃及王国时期的胡夫金字塔，虽然修了三十年，但参加修陵的只有十万人，比起秦始皇所用的劳动力就少得多了。这七十二万人的劳役大军主要集中在秦始皇陵内外，采用分班轮作的方式工作。公元前212年，又将修陵的一半劳动力抽走，去修建阿房宫。当安葬秦始皇时，又将阿房宫的劳动力调回，在短短的八个月内将陵墓内的填土和陵上的高大封土坟丘筑完。

第四个阶段是结束期，从公元前209年到公元前208年冬。这时，陵墓的主体工程已经完工，但还有一些附属工作没有完成。当时爆发了中国历史上第一次波澜壮阔的农民大起义，陈胜、吴广的部下周文率兵迅速打到了距陵园不足数华里的戏水附近（今临潼县新丰镇附近）。面临大军压境、威逼咸阳之势，秦二世这位未经风雨磨炼的新皇帝惊慌失措，召来群臣商讨对策。他丧魂落魄，向群臣发出"为之奈何"的哀求。这时少府令章邯建议："盗已至，众强，今发近县不及矣，骊山徒多，请赦之，授兵以击之。"秦二世当即同意，并让章邯率领修陵大军回击周文的起义军。至此，尚未完全竣工的陵园工程不得不中止。

3.神秘莫测的地宫

如果你来到秦始皇陵参观，首先映入眼帘的是那高大的坟丘，远望像一座突兀拔起的山岭。坟丘整体像一只倒扣的斗，上面布满了郁郁葱葱的树木。在坟丘的北侧有287级台阶，人们可以拾级而上，登上墓顶，极目远眺，四野风光尽收眼底。陵墓的坟丘位于陵园内的西南角，这是由于古代礼仪把西南角作为尊长之处。

高高的坟丘下面就是神秘莫测的地宫。地宫是陵墓建筑的核心部分，是放置棺椁和随葬器物的地方。考古钻探的结果表明，地宫的宫墙在距离地表2.7-4米处，南北长460米，东西宽392米，墙体高和厚都是4米，用土坯砌成。宫墙的四面有门，东边有五个门，其余三边各有一个门。门宽约12米，有斜坡形的门道，门已经用夯土填实。在四周宫墙围绕下的区域就是地宫。地宫的平面近似长方形，面积为18.032万平方米，比现存坟丘的底面积略大三分之一。关于秦始皇陵地宫周围有宫墙围绕之事，不见于任何文献记载，为考古史上首次发现。

秦始皇地宫的建筑结构究竟怎样？里面究竟埋藏着什么？这是两千多年来人们非常感兴趣而又不易破解的秘密。这个问题不但是中国考古学家和历史学家关心研究的对象，在国际上也引起了人们极大的兴趣。1985年，英国爱丁堡市中学生智力竞赛的一道重要试题是：用文字描述或采用绘画表示秦始皇陵的地宫是什么样子。获奖的作品将在爱丁堡市博物馆展出，竞

秦始皇陵兵马俑

赛组织者还为获奖者提供到中国西安旅行的费用。

虽然秦始皇陵地宫之谜尚未揭开，但考古工作者及有关科研部门却做了大量的钻探调查工作，我们可以根据历史文献和考古资料，对秦陵地宫结构作出合理的推测。

在历史文献中首次记载秦始皇陵地宫情况的是西汉杰出的历史学家司马迁著的《史记》。《史记·秦始皇本纪》中有一段关于秦始皇陵地宫的叙述："穿三泉，下铜而致椁，宫观百官奇器珍怪徙臧满之，令匠作机弩矢，有所穿近者辄射之。以水银为百川江河大海，机相灌输。上具天文，下具地理，以人鱼膏为烛，度不灭者久之。"

"穿三泉"是指地宫的深度。地宫的核心部分叫做玄宫，是盛放秦始皇尸体的棺材所在处，位于地宫的最低部，地宫的深度就是从地表到玄宫的距离。"穿三泉"到底有多深呢？"三泉"就是指第三层地下水，也就是说挖掘到了第三层地下水。秦始皇陵附近的水文资料表明第一层地下水距地表为 16 米，第二层和第三层水距地表是多少，目前还不能肯定。另外，两千年多前的地下水位和今天的水位也不可能完全等同，因为地下水位还会发生变化。但从凤翔秦景公大墓来看，墓穴深度已经达到 24 米，而秦景公比秦始皇早三百多年，而且只是秦国国君，而秦始皇是一位帝王，因此，秦始皇陵的深度无疑会超过这个数字。根据秦陵地区考古调查资料，目前秦始皇陵地宫钻探已达到 6 米深，但仍然是人工夯筑的夯土层。从考古资料来看，战国时期，我国劳动人民已经掌握了能掘入地下 50 米的技术。修建始皇陵使用的是全国最优秀的工匠，采用最先进的技术，因此，开凿地宫应是完全发挥了当时最高的技术水平。我们据此可以推测秦始皇陵地宫的深度最少在 50 米以上，确切的数字，只有在发掘秦始皇陵时才能见分晓。

如果说秦始皇陵地宫已经深至 50 米，那么随之就会产生一个工程技术上的问题，就是用什么方法去堵塞地下水。《史记》的记载为"下铜而致椁"，说明是采用冶铜铸堵渗水的地方。除了用铜之外，还塞以文石，又涂丹漆，丹和漆都是涂料。涂丹漆的目的是为了防潮。由此可知，秦始皇陵墓地宫地下水是先用冶铜锢其内，再填塞文石，其次涂漆，最后涂丹。

那么地宫的形状又是什么样子呢？从已发掘的春秋战国时期大型墓葬来看，墓穴都为倒置的斗形，估计秦始皇陵也可能是这个样子。据文献记载，公元前210年，即秦始皇50岁时，丞相李斯向他报告：我带了七十二万人修筑骊山（指秦始皇陵），已经挖得很深了，连火也点不着了，凿时只听到空空的声音，好像到了地底一样，再也挖不下去了。秦始皇听后，下令他再"旁行三百丈乃止"。"旁行三百丈"是什么意思呢？有人认为是向四周扩展三百丈，也有人认为是掏挖三百丈的洞室。不管怎样，如果"旁行三百丈"可信的话，那么秦始皇陵地宫底部的面积就会大得令人震惊。

"宫观百官"和"奇器珍怪"都是什么呢？宫观，是指模拟秦始皇生前主要活动的宫殿台观，如阿房宫、咸阳宫等。百官，是指在地宫中有三公九卿及文武官员的形象，至于是用什么质料做的，现在还不知道。奇器，是指用珍贵材料制作的精美的器物。珍怪的怪一般是指兽类，珍怪可以理解为珍稀的动物。这里有两种可能，一种可能是将活的珍稀动物直接埋入地宫之中，另一种可能是用陶土或其他质料塑造的动物。

"令匠作机弩矢，有所穿近者辄射之"，是说为了防止有人盗墓，秦始皇下令工匠在门口制作了机关暗箭，盗墓的人一旦接近，就会射出箭来。机弩矢，是指用机械控制弩机发射箭。

"以水银为百川江河大海，机相灌输"是指将水银灌入相互作用的机械中，让水银循环往返，以表现百川江河大海中水的流动。江是指长江，河是指黄河，海是指秦始皇东巡时曾经到过的东海，这无疑是一幅秦代疆域的模拟图。墓中灌入大量水银，也是为了防止后人盗掘。因为水银易于挥发，其蒸气有剧毒，如有人进入墓穴盗物，水银蒸

气就会毒死盗墓者。科学工作者将地球化学中勘察汞量的测量技术应用到秦始皇陵的考古研究，结果在秦始皇陵坟丘的中心，发现一个面积约1.2万平方米范围的强汞异常区，这里土壤中的汞含量高于附近其他地方。这说明，秦始皇陵地宫注入大量水银的记载是可信的。

"上具天文"是指在玄宫的顶部模拟"天文星宿之象"，形成一幅天体图。秦代的天文知识已经达到了较高的水平，秦的都城咸阳的扩建就是按照天文星宿位置对应分布的。有的学者推测这幅天体图的形象是：正中为斗星，围绕斗星一周应有二十八星宿，还有与之相配的青龙、白虎、朱雀、玄武及扶桑、桂树、太阳、月亮、金乌和玉兔的形象。"下具地理"是指模拟地理概貌及秦统一中国之后的行政区划，即三十六郡的位置。

"以人鱼膏为烛，度不灭者久之"是说用人鱼膏制成蜡烛，放在地宫中烧很长时间，这种做法实际上是一种防腐措施。蜡烛燃烧时需要大量的空气，当地宫封闭之后，里外隔绝，地宫内的空气逐渐被蜡烛燃烧殆尽，形成一个相对稳定的窒息空间。

古代对于棺椁的用材和数量是有严格等级区别的。天子的棺椁用柏，诸侯用松，士用杂木。"天子棺椁重七重，诸侯五重，士再重。"秦始皇的棺椁用的应为柏木，有棺椁七重。《汉书·贾山传》说："被有珠玉，饰以翡翠。"是说秦始皇的尸体穿着"金缕玉衣"。所谓"金缕玉衣"就是把长方形小玉片用金丝缀成如同真人大小的衣服，给死者穿上，目的是为保护尸体使之不腐烂。从已经出土的西汉时期的"金缕玉衣"来看，它是由头部、上衣、裤筒、手套和鞋五大部分组成，穿缀的玉片多达两千多片，秦始皇玉衣的样式应该与西汉玉衣差不多。

总之，秦始皇陵的地宫是按照地下王国构想的，不但规模宏大，而且埋葬品极为丰富。随着考古工作的进一步深入，秦始皇陵地宫的神秘面纱将会被慢慢揭开，使人们得以看到它的庐山真面目。如果有一天地宫被发掘，人们就会发现地宫是一座能够反映秦代科学技术水平和灿烂文化艺术的文物宝库，那将

中国古代遗址

是人类历史上无与伦比的、最为壮观的考古发现。

（四）陵墓是否被盗

　　秦始皇陵以其规模宏伟、厚葬空前而闻名。人们都对它是否被盗十分关心。从整个中国古代史来看，每个朝代的末年都是最混乱的时期，群雄争霸，盗匪横行，整个社会处于无政府的状态。而此时正是盗墓者掘坟挖墓的大好时机，历代王朝的陵墓几乎都是在这个时候被盗的。秦始皇陵又会遭到怎样的厄运呢？

　　据《汉书》和《水经注》记载，秦始皇陵于公元前206年被项羽凿毁。北魏郦道元在《水经注》中说，项羽进入咸阳之后，三十万人运了三十天还没有把陵墓中的东西运完。在这之后，关东盗贼又将铜棺盗走。后来又有牧羊人因为寻找丢失的羊，持火把进入墓穴，不慎失火，将陵墓彻底烧毁，据说大火持续烧了九十天都没有熄灭。据说，方圆数十里的陵区地面，也随着一些陪葬坑和陪葬墓的坍塌而下陷了好几米。这样使秦始皇陵的地面建筑荡然无存，地下埋藏也受到一定程度的破坏。这些记载都被当今考古发现所佐证，秦始皇陵发现的陪葬坑、陪葬墓几乎都遭到被盗和火焚的破坏。

　　经过四年的楚汉战争，刘邦打败了项羽，建立了西汉王朝。为了笼络人心，公元前195年，刘邦下令对秦始皇陵妥善保护，安排二十户人家住在秦始皇陵附近，作为守陵人看管秦始皇陵。此后，历朝历代的统治者对秦代帝王陵墓，也都下令保护。宋太祖开宝三年（970年），曾令临潼县保护和修整秦始皇陵。清朝的陕西巡抚毕沅，还曾为秦始皇陵立碑。

　　但是秦始皇陵随葬品丰富，必然会引起各种人物的觊觎，所以陵墓被掘、被盗的事件，仍然层出不穷。据记载，东汉末年赤眉起义军、魏晋后赵时期统治者石勒和石虎、唐朝末年黄巢起义军等都盗掘过秦始皇陵墓地宫，已出土的两乘铜车马，大概因位于秦始皇陵封土

秦始皇陵兵马俑

下面地宫西墓道的耳室里才没有被盗。有史料记载，秦始皇陵地宫曾遭火焚和洗劫，如果真是这样，那墓道旁的随葬品应该首先遭到破坏。

钻探资料表明，秦始皇陵地宫四周均有4米厚的宫墙，宫墙还用砖包砌起来，并且找到了若干个通往地宫的甬道，甬道中的五花土并没有人为扰动破坏的迹象。只发现两个直径1米，深度不到9米的盗洞，但这两个盗洞均远离地宫，没有进入秦始皇陵地宫之内。此外，秦始皇陵地宫中存在大量水银的事实，更是地宫没有遭到盗掘的有力证据。因为地宫一旦被盗，水银就会顺盗洞挥发掉。由上述理由可以推断，秦始皇陵地宫可能没有被盗。随着最新科技手段的运用，地宫是否被盗掘和焚毁将被证实。

发现秦兵马俑以后，我国考古工作者对秦始皇陵进行了探察。考古工作者在地宫周围打了两百多个探洞，只发现了两个盗洞，一个在陵东北，一个在陵西侧，盗洞直径约90厘米，深达9米，但离陵中心还差250米，都没进入地宫。现在，这两个盗洞都已被深埋于地层之中，表面完全看不出来了。封土层基本完整。考古工作者还用先进的仪器探测到地下确有大量的水银和金属存在。

根据封土层未被掘动、地宫宫墙无破坏痕迹以及地宫中水银有规律分布等情况，可以得出地宫基本完好、未遭严重破坏和盗掘的结论。班固、郦道元所说的项羽掘墓、地宫失火之说是不可靠的。据估计，当年项羽盗毁的可能是陵园的附属建筑。

三、秦俑的发现与发掘

兵马俑坑是秦始皇陵园内的一组陪葬坑，它位于陕西省西安市临潼区东侧7.5公里处的骊山北麓，西距秦始皇陵1.5公里。这里原来是一片柿子林，成为周围村民的一片墓地，地上沙石堆积，非常荒凉，常常有野狼出没。谁也没有想到在这片荒凉贫瘠的地下，会埋藏着八千件兵马俑。那么兵马俑究竟是怎样发现的呢？

（一）秦兵马俑的发现

1974年3月，严重的干旱威胁着陕西省临潼县西杨村村民的生存，为了解决紧迫的用水问题，村民们就在柿子林的东端挖井。当挖到1米左右深的时候发现木炭的痕迹，挖到2米深时发现坚硬的红色烧制土块，这时大家有些迷惑不解，有人认为是挖到砖瓦窑上了。3月29日，是一个值得纪念的日子。这天，村民们继续在井下挖土，当挖到3米多深时，发现了类似人躯干形状的空心的破陶器，他们再往下挖，又发现了几个残破陶制人头和很多断腿残臂的陶片。面对这些残缺的陶质躯体，人们都非常惊奇，七嘴八舌议论纷纷，有人认为可能是挖到瓦神庙了。继续往下挖，挖到4.5米深时发现成束的青铜镞、铜弩机等兵器。消息传遍了村子，大家争先恐后地来看稀奇，乱七八糟的陶片被丢弃得遍地都是，也有些好奇的人把陶片拿回家去。一时间周围村庄传得沸沸扬扬，可到底挖出了什么东西，谁也说不清楚。

秦始皇陵兵马俑

当时临潼县宴寨公社有一位负责水利建设的干部，叫房树民，他经常到各个村庄检查兴修水利的情况。这天他来到西杨村想了解一下打井的进展情况，得知村民们打井挖出了大量陶片，感到非常奇怪，他来到井边仔细察看，又随手从土中捡起几片陶片审视了一会，接着下到井底。他看到井的东壁比较光滑，井西壁的土中仍然夹杂着许多破陶片，再看看井底的条形砖，砖为青灰色，质地致密，表面布满细浅纹。他心想，这砖和秦始皇陵园出土的秦砖有点相似，可是这里距离秦始皇陵1.5公里，怎么可能是秦砖呢？房树民从小就生活在秦始皇陵附近，他曾亲眼目睹周围的村民用秦始皇陵出土的陶水道铺牲口槽底，挖秦砖做枕头或者砌墙基，对陵园的出土文物比较熟悉。他认为这些残破的陶片很可能是文物，叫大家把工程停下来。他立即回去向上级领导作了汇报。临潼县文化馆的文物干部赵康民闻讯后急忙赶到现场进行考察，搜集了失散的文物，后来又做了局部的清理，并对已经出土的陶俑进行了修复。7月，陕西省组成秦俑考古队进入发掘现场，正式开始了举世瞩目的秦俑发掘。

1974年7月15日，秦俑考古队进驻工地，7月17日对秦俑坑开始正式的勘查和清理。首先对已经暴露的遗迹、遗物进行记录、绘图和照相，并在原来已挖掘的部分继续清理。到7月底，坑内的建筑遗迹已经显露出来，8月1日开始扩方试掘。在试掘的同时，为了摸清俑坑的范围，从1974年8月开始钻探，到1975年6月基本上探清了俑坑的范围、形制及其内涵。它是一个东西长230米、南北宽62米的大型兵马俑坑，即一号坑。这个巨大的发现引起了国家文物局和中央领导的高度重视，决定在原地建一座大型遗址博物馆。1976年9月，修建一号兵马俑坑遗址保护大厅的基建工程正式破土动工。接着，秦俑考古队把工作的重点转移到寻找新的兵马俑坑上来。

1976年4月21日，在一号兵马俑坑的东端北侧的一片树林内钻探时发现夯土痕迹，于是集中力量在这里钻探。4月23日，发现陶俑残片。5月初基本上探清了俑坑的范围，这是一个面积约六千平方米的大型俑坑，编号为二号兵马俑坑。根据钻探和试掘情况来看，全坑共有陶俑、陶马一千四百多件，有战车、骑兵、步兵等不同的兵种。俑的姿态多样，有跪射俑、立射俑、骑兵俑等。二号坑是兵马俑坑中的精华。

二号兵马俑坑发现后，秦俑考古队在周围地区继续扩大规模进行钻探。1976年5月11日，在一号俑坑的西端北侧又发现了三号兵马俑坑。三号坑面积较小，约五百二十平方米。1977年3月至12月，对三号兵马俑坑进行了发掘，总共出土木质战车一乘（已腐朽）、陶俑和陶马72件、青铜兵器34件以及其他一些遗物。

1976年6月，在一号俑坑的中部北侧还发现一个没有建成的兵马俑坑，面积约三千六百平方米，这个坑没有建成的原因可能是因为秦末农民大起义而被迫停工。一、二、三号兵马俑坑和这座未建成的四号坑应该是一个整体，是秦始皇陵的一组陪葬坑。

一、二、三号兵马俑坑呈"品"字形排列，占地面积两万多平方米，其中埋葬着陶俑、陶马约八千件，堪称丰富的文物宝库，是中国考古史上的一次重大发现，不愧"世界第八大奇迹"的称号。至此，秦始皇庞大的地下军团，穿越了两千多年历史的滚滚风尘，列阵来到世人的面前。它们使每一位参观者感到深深的震撼，在恍惚间经历时空流转，仿佛回到那个旌旗飘扬、风起云涌的遥远年代。

秦始皇陵兵马俑

(二) 一号坑的正式发掘

1978 年 4 月,一号兵马俑坑遗址保护大厅的主体工程竣工,5 月 8 日正式开始发掘。全坑共划分二十七个探方,每方为边长 20 米。发掘工作大体分为两

个阶段:第一阶段从 1978 年 5 月到 1979 年 4 月,主要是除去俑坑上面覆盖的表土,到接近坑顶的棚木遗址为止,为进一步的发掘做准备。第二阶段从 1979 年 5 月到 1981 年 9 月,集中力量清理一号俑坑东端的五个探方,面积共 2000 平方米。五个探方里共出土木质战车八乘,拉车的陶马 32 匹,各类武士俑 1087 件,青铜剑、戟、戈、矛、金钩、弩机等兵器 486 件,成束的铜镞 280 束,零散的铜镞 10895 件。另外,还有大量的车马器以及大批兵器和建筑等的遗迹。

一号兵马俑坑采用边发掘、边展出的办法。1979 年 10 月 1 日,秦始皇兵马俑博物馆正式开馆,一号坑发掘现场对外开放,这种方式受到了国内外游客的欢迎,每年都吸引大量的游客前来参观。

1986 年 4 月,一号兵马俑坑进行了第二次正式发掘,又开了五个探方,面积为 2000 平方米,到 1987 年初停工,又出土陶俑、陶马近千件以及大批的车马器、兵器和各种各样的遗迹。

通过钻探、试掘和两次正式发掘,考古工作者对一号俑坑的形制、建筑结构以及陶俑、陶马排列的规律等许多问题已经基本清楚,估计一号坑内约有战车五十多乘、陶俑陶马约六千件,是以步兵为主、战车与步兵相间排列的大型军阵。

一号俑坑的形制:一号兵马俑坑呈东西向的长方形,东西长 230 米,南北宽 62 米,距离现在的地表深 4.5-6.5 米,面积为 14260 平方米。俑坑的东、西两端各有一条南北向的长廊,在两端的长廊之间有十条东西向的夯土隔梁,把

俑坑分隔成十一个东西向的过洞，每个过洞长约一百八十米。俑坑的四边各有五个斜坡形的门道，南、北两侧的门道长 12 米，东边的门道长 15 米；西边的五个门道形制比较复杂，中门道和南、北两侧的门道都分为前后两段，前段呈斜坡形，长 19.8 米，后段为 10 米长的甬道。甬道的东口与俑坑西端的长廊相接，俑坑西边的另外两个门道为斜坡形，没有甬道，斜坡道西口已经遭到破坏。我们可以看到，一号兵马俑坑建筑的平面布局比较简单、规整，它是由东、西两端的长廊、十一条东西向的过洞以及四周的二十个门道组成。这种布局是根据军阵编列的需要设计的：东端的长廊内置有作为军阵前锋的步兵俑；西端长廊内放置作为军阵后卫的步兵俑；南北两侧的过洞里置有作为军阵翼卫的步兵俑；中间的九个过洞内是战车与步兵相间排列的军阵的主体。俑坑坐西向东，除了后卫及两侧翼卫的步兵俑之外，其余兵马俑都是面向东方。

（三）二号坑的正式发掘

　　二号兵马俑坑在 1977 年试掘之后进行了回填。1993 年底，二号俑坑遗址保护大厅的基建工程全部竣工。1994 年 3 月 1 日考古工作者对二号坑开始进行正式发掘。二号俑坑共划分边长为 20 米的探方 24 个，每个探方又以十字隔梁分隔成四个小区，以便控制地层和遗迹、遗物的分布情况。发掘工作分为三个阶段：第一阶段清理俑坑上部覆盖的土层，把坑顶的棚木遗迹全部揭示出来；第二阶段清理原来的试掘方和二号坑的北半部；第三阶段清理二号坑的南半部。对出土的各种遗迹、遗物都注意尽量保持原样，这样可以使人们获得更多的古文化信息。

　　1997 年底，第一阶段的发掘任务基本结束，二号坑的边墙、隔墙、门道、封门木以及面积

达五千多平方米的棚木遗迹全部被揭示出来。棚木跌宕起伏，像一幅蕴涵着历史沧桑的宏伟画卷。俑坑内遗留了修筑俑坑工人的足印、鞋印、工具痕迹；门道上遗留有工人向坑内运送东西时留下的车辙的痕迹；另外，还有工人烤火的痕迹以及暴雨冲刷的水流迹象，说明二号俑坑的修建曾经历寒暑的考验。

从1998年3月开始，二号俑坑的发掘进入第二阶段，已经出土陶俑、陶马约四百件，有车兵、骑兵和跪射、立射的弩兵，尤其难能可贵的是出土了一批颜色保护基本完整的彩色俑，使人们看到兵马俑绚丽多彩的原始面貌。

二号俑坑也是采取边发掘、边开放的方式。人们在这里既可以看到陶俑、陶马及各种遗迹、遗物出土的原貌，又可以看到考古工作者是如何进行发掘和文物保护的。

二号兵马俑坑位于一号俑坑的东端北侧，两坑相距20米。二号俑坑的形制比较复杂，平面呈曲尺形。俑坑的东边有四个门道，西边有五个门道，北边有两个门道，门道均呈斜坡形。二号坑东西长124米（包括门道），南北宽98米（包括门道），距离地表深约五米，面积约六千平方米。二号俑坑的平面结构，大体可以分为四个单元：

第一单元，位于二号坑的东端，即曲尺形的端部。东西长26.6米，南北宽38米，面积为1010.8平方米（不包括门道）。它四面环有长廊，中部有四条东西向的过洞，过洞与过洞之间以夯土相隔。四周长廊内放置立射步兵俑，中间的四个过洞放置跪射步兵俑，俑都面朝东方。

第二单元，位于二号坑的右侧，东西长52米，南北宽49米，面积为2548平方米。它的东西两端各有一条南北向的长廊，两端长廊之间有八条东西向的过洞，过洞与过洞之间以夯土墙相隔。长廊内没有放置陶俑、陶马，每个过洞内置有前后依次排列的八乘战车。

第三单元，位于二号坑的中部。它的东端和一单元西端的长廊相邻，二者间以夯土墙相间，墙上开辟了小门可以相通。它的左右两边和二、四单元相邻。这部分东西长68米（不包括门道），南北宽16米，面积为1088平方米。有三条东西向的过洞，过洞与过洞之间以夯土墙间隔，西端有一条南北向长廊。长廊内没有放置陶俑、陶马，过洞内放置着19乘驷马战车，每乘车后都有若干步兵俑，最后以骑兵俑作为殿军。

第四单元，位于二号坑的左半部。它的东端和一单元西端的长廊相邻，二者间以夯土墙相隔，隔墙上开辟了小门可以相通。这部分东西长50米，南北宽20米（长、宽都不包括门道），面积1000平方米。有三条东西向的过洞，过洞与过洞之间以夯土墙相隔，西端有一条南北向长廊。长廊内没有放置陶俑、陶马，过洞内有骑兵俑排列的长方形军阵。

这四个单元相对独立，可以自成体系，又彼此密切相连，形成多兵种混合编列的曲尺形军阵，坐西向东，陶俑、陶马都面朝东方。

（四）三号坑的正式发掘

三号兵马俑坑在1977年曾经进行过发掘，仅仅把陶俑、陶马上部的覆盖土揭去，并没有向下做更细致的清理，然后就进行了回填。1988年9月底，三号俑坑遗址保护大厅建成，12月19日开始正式发掘。考古工作者先清除了回填

秦始皇陵兵马俑

129

土，接着进行细部清理，并提取部分文物进行修复。1989 年 9 月 27 日，清理工作基本结束，并正式对外展出。

三号兵马俑坑位于一号坑的西端北侧，两坑相距 25 米。三号坑的建筑形制比较特殊，平面呈"凹"字形，东边有一条斜坡门道。东西长 28.8 米（含门道长），南北宽 24.57 米，面积约五百二十平方米，距离现在地表 5.2-5.4 米。它的平面布局分为南、中、北三区，三区连接成一体，坐西向东。

中区，位于三号坑的中部，东边和门道西口相接，交接处以一排立木封堵，左右两侧和南、北区相连。平面近似方形，东西长 5.8 米，南北宽 3.9 米。中区有战车一乘，车前驾有四匹陶马，车上有陶俑四件，陶俑、陶马面向东排列。

南区，平面呈"土"字形，由长廊、甬道、前厅、后室四部分组成。长廊呈南北向的长方形，长 7.65 米，宽 3.2 米，内有陶俑八件，贴东、西两壁呈夹道式排列。长廊的西侧中部和甬道相连。甬道东西长 4 米，南北宽 3.7 米，内有武士俑六件，分别作南、北面相向夹道式排列。甬道的西口和前厅相接。前厅呈南北向的长方形，长 5.8 米，宽 3.2 米，内有武士俑 24 件，分别作南、北面相向排列。前厅的西侧中部和后室相连。后室呈东西向的长方形，长 3.7 米，宽 1.6 米，内有武士俑四件，分别作南、北面相向排列。

北区，平面呈"T"字形，由长廊和大厅两部分组成。长廊呈南北向的长方形，长 6.3 米，宽 2.4 米，里面没有放置陶俑。长廊的西侧中部和大厅的东口相连。大厅呈东西向的长方形，长 8 米，宽 4 米，内有武士俑 22 件，分别作南、北面相向夹道式排列。

在北区的长廊和大厅的交接处、中区和南区长廊部分的交接处、南区的前厅和后室的交接处，考古工作者发现这些地方都有门楣的痕迹。后两处的门楣木上各有四件带柄铜环，用来悬挂幕帘，这说明了原来各区与各区的厅室之间是用幕帘相隔的。中区和门道之间用封门木相隔。

（五）俑坑出土的战车、步兵俑、骑兵俑和兵器

一、二、三号兵马俑坑埋藏有大量的战车、步兵和骑兵俑，根据已经发掘和试掘资料推断，三个俑坑内总共约有战车一百四十多乘、驾车的陶马五百六十多匹、骑兵的鞍马一百一十六匹、各类武士俑七千多件。以前由于资料的不足，人们对秦国的战车、步兵和骑兵的具体形象、武器的配备、军队的编制、军阵的编列等许多问题没有办法了解透彻，而兵马俑坑的发现，为人们提供了丰富的实物例证，是研究秦国军事史的珍贵资料。

1. 战车：

秦国是战国时著名的军事强国，拥有上千辆战车，数百万匹战马，百余万的步兵。秦始皇就是凭借这支强大的武装力量，以秋风扫落叶之势兼并了六国，完成了统一中国的伟业。在秦代的军队中，战车是主要的军事装备。根据已知资料推断，一号兵马俑坑内有战车五十多乘，二号兵马俑坑内有战车八十九乘，三号兵马俑坑内有战车一乘，共计一百四十多乘。目前，一号俑坑已发掘出土战车二十二乘，二号俑坑已出土战车十一乘，三号俑坑出土战车一乘，从已经出土的战车痕迹上看，我们仿佛看到了古代战场上秦军中奔驰如飞、卷起漫天尘土的隆隆战车……

俑坑出土的战车，可以分为四种：一是一般战士乘的战车，二是高级军吏乘的指挥车，三是两人乘的佐车，四是四人乘的驷乘车。这些车都是单辕车，由四匹马系驾。车的主要结构分为乘载的车箱，转动致远的轮轴和赖以牵引的辕、衡三大部分。俑坑中出土的战车一般为双轮、单辕。辕端有一横木称为横，与辕十字相交用革带捆绑在一起；横上系有两个"人"字形用具，称为轭；车前驾有四匹马，中间的两匹马称为服马，服马两侧分别为左骖马和右骖马。古代称驾驭马车的人为御手，一般供乘坐的马车上御手都是坐在车上

驾驭，而战车上的御手则是站在车上驾驭的。俑坑出土的御手俑都是立姿，双臂前举，双手半握拳控驭马缰绳，这样比坐着驾驭行动要灵活方便得多，控驭也更得力。

古代战车可以分为攻击型和防守型两类。攻击型战车有戎车、轻车和阙车。戎车是将领乘的指挥车；轻车是战士乘的驰骋攻击的战车；阙车是后备车，车阵中如果有车损坏就补缺。苹车是防守型战车，军队宿营时用作军队周围的屏障。俑坑出土的战车，都属于攻击型的轻车类。一般战士乘的战车上有三人，御手居中，左武士和右武士分别立于御手的两侧。御手身穿长衣，外披铠甲，臂部有长及腕部的臂甲，手上有护手甲，腿裹护腿，颈上围有颈甲，头戴长冠，双臂前举做牵拉马缰状。左武士左手持矛、戈、戟等长兵器，右手做按车状。右武士姿态与左武士相反。武士都做整装待发的姿态，仿佛只要一声令下，立刻腾跃登车，驰骋疆场。一辆战车是车战中的一个最小单位，从战车武士俑的装束来看，左、右武士都不戴冠，只有御手俑戴长冠，而且御手俑身上的铠甲覆盖部位多，甲片细密、精致，因此御手俑的地位高于左、右武士，应该是车长。

古代主帅乘的车是指挥车。秦俑坑出土的指挥车，装饰华丽，有精细的彩绘花纹，有的车上有伞盖。在指挥车上，将帅掌握锣鼓（古代作战靠锣鼓铃旗指挥），击鼓则进攻，鸣锣则后退，铃用来传达命令，摇旗则左右进退。御手的责任重大，驾驭的好坏关系到将帅的生命及全军的胜负，当主帅受伤时可代掌锣鼓，因此，御手要经过严格的选择和训练，直到技艺成熟才能胜任。指挥车上武士的职责，主要是与敌人格斗，保护将帅的安全。

驷乘车是四个人乘的战车，在秦俑坑中仅仅出土了两辆。这种车是从指挥车演变来的，增加了一名武士，主要是增强战斗力。驷乘车是为掩护主帅而临时出现的，由于古代战车车厢短，增加一人会影响车速，也不利于武士操戈，所以四人共车制不适合用作一般战士乘的战车，它只是在非常情况下具有特殊作用。秦俑坑有两辆驷乘车，二号坑的驷乘车位于车阵右前角，三号坑是一、

中国古代遗址

二号俑坑军阵的指挥部，里面有一辆驷乘车，可见这辆车居于重要的地位，可能有特殊的作用。

二号兵马俑坑左侧的骑兵阵地前有战车两列，共六辆，每辆车上有御手和武士俑各一个，这种车叫佐车，又称副车，是骑兵阵中军吏的后备车。骑兵的军吏主要乘马，车作为备用，这种车又可以作为骑兵阵中的机动车使用。

秦俑坑战车上的武器装备，已发现的有矛、殳、钺、剑等青铜兵器和铜箭头，但不是集中出土，而是分散在各个战车上。其中以铜箭头的数量最多，各辆战车附近都有发现，因此可以肯定每辆战车上都配有弓弩。此外，俑坑出土的战车附近，往往伴有修车用的工具，如铜凿、铁锤等。

2. 步兵俑

步兵，指徒步的士兵，是军队的主体。步兵在春秋时期称为徒、徒兵或徒卒，战国时期称为卒、武卒、武士、锐士、奋击、带甲等。"步兵"一词正式出现于战国晚期，最早的记载是在《六韬·战步》中的"步兵与车骑战奈何"一句。秦始皇陵一、二、三号兵马俑坑内都发现了独立编制的步兵俑，目前一号兵马俑坑已出土步兵俑一千七百多件，二号俑坑内出土步兵俑一百六十多件，三号俑坑内出土步兵俑六十四件，共计一千九百多件。一、二号俑坑内的步兵俑作军阵式排列，属于正规的作战士兵；三号俑坑是指挥部，所以坑内步兵俑不作军阵排列，而是作夹道式站立，是担任警卫的士兵。

根据秦俑坑已出土的步兵俑的情况，我们可以知道，步兵俑按其职位的高低可分为军吏俑和一般步兵俑两大类。军吏俑中有高、中、低之分；一般步兵俑又分轻装步兵俑和重装步兵俑两种。

军吏俑中有高、中、低之分，区分的主要标志是铠甲和冠饰不同。高级军吏俑，俗称将军俑，目前仅发现一件，出土于二号俑坑东北角弩兵方阵的左后方。其身穿双重长襦，外披彩色鱼鳞甲，双肩及前后胸甲上缀有彩色花朵，头戴鹖冠，双手交垂于腹前做拄剑状，昂首挺胸，气宇轩昂。中级军吏俑是高级军吏俑的副手，已出土六件，腰际佩剑，头戴双板长冠。下级军吏俑已出土三十三件，头戴单板长冠，甲衣与一般战士的差不多。

轻装步兵俑，已出土四百三十三件，这种俑不戴头盔，不穿铠甲，装束轻便，行动敏捷，是秦国轻便步兵的真实写照。有的轻装步兵俑护腿的质地厚重，好像夹有棉絮，可能是古代的"絮衣"，是极其简单的腿部防护装备。

重装步兵俑，又称铠甲步兵俑，数量最多，已出土一千三百多件，根据头上装束的不同可分为圆髻铠甲俑、扁髻铠甲俑和介帻铠甲俑三种类型：圆髻铠甲俑的数量最多，头上一律绾着圆丘形发髻，有立姿和蹲跪式两种。扁髻铠甲俑头饰比较特别，把头发全部编成六股宽辫，反折叠贴于脑后，并用发卡固定，横插发笄，梳这种扁髻的目的可能与头上准备戴盔有关，这类俑都做直立姿。介帻铠甲俑头顶的右侧绾圆形发髻，上罩尖顶的圆椎形软帽，古代称"介帻"。帻多是红色，质地轻软，上部有一尖顶，下部齐及发际，把头发和发髻全部罩于帻内。这类俑都作直立姿，双臂下垂，手腕微向前弯曲，双手半握拳做持兵器状。

战国时期，重装步兵是步兵的主要作战力量，而轻装步兵的兵员较少。秦俑坑出土的实际情况真实地反映了这个史实，重装步兵俑数量最多，轻装步兵俑数量较少。战国时期由于武器的进步，不但青铜器的制作工艺有了显著的改进，而且有了锐利的铁兵器，还有了远射的弩。在强大的进攻性武器面前，没有一定的防护装备的步兵必然会损失惨重。重装步兵不如轻装步兵行动轻便，为了更有效地打击敌人，轻装步兵也是不可缺少的。从步兵俑在军阵中的位置来看，轻装步兵俑位于前锋，重装步兵俑为军阵的主体。这种排列反映了两者在战争中的地位和作用的不同，作为前锋部队的轻装步兵，要强壮勇猛、灵活机敏，迅速插进敌军阵列，后续的重装步兵接着猛扑上去，扩大战果，重创敌人。轻装和重装步兵相辅相承，协同作战。

秦俑坑出土的步兵俑，由于是静止的雕塑品，不可能把步兵的战术动作都表现出来，而只是表现了某一部分动作的一个侧面，目前已发现的动作有：

（1）立姿。绝大多数的步兵俑都是立姿，站立的姿势是双脚略微左右分开，昂首挺胸，双目前视，巍然屹立。根据各自所持的兵器不同，手势也不同。持弓弩者，双臂自然下垂，右手半握拳，拳心向前，拇指翘起，做提弓状。手持戈、矛、戟等兵器的立姿步兵俑，左臂自然下垂，右臂前曲成90°角，半握拳，拳心向上。一号俑坑内曾发现两个步兵俑的腰带钩，为步兵持矛击刺状，步卒左脚向前跨出，左腿前拱，右腿后绷，双手一前一后紧握矛柄，屏气注目，奋力前刺。矛的前端是一个张口睁目的人头，被矛刺中，寓意奋勇杀敌，形象生动地表现了持矛击刺的单兵技击动作。

秦始皇陵兵马俑

135

（2）立射。做立射动作的步兵俑都是轻装步兵俑，左脚左前斜半步，双脚略成"丁"字形，左腿微拱，右腿后绷；左臂向左侧半举，四指并拢，掌心向下；右掌放在胸前，掌心向内；头和身体略向左侧转，昂首凝视左前方。这种立姿应该是弩兵持弩发射的动作。

（3）坐姿。二号俑坑的步兵方阵中，有坐姿的重装步兵俑160个，位于方阵的中心。其姿态是左腿蹲曲，右膝着地，右脚竖起脚尖抵地，臀坐在右脚跟上，上身微向左侧转，双目炯炯，凝视左前方。这类俑像是持弓的坐姿步兵俑。坐是弓、弩射击的一种重要姿势，也是步兵的一个重要的单兵动作。坐姿重心稳，用力省，便于瞄准，容易击中目标。同时坐姿比立姿射击目标小，不容易被对方的箭射中，是防守或设伏时比较理想的一种射击姿势。秦俑坑出土的立姿、立射和坐姿等不同姿势的步兵俑，是生动的古代步兵战术动作图谱，是研究中国古代步兵史的珍贵资料。

3. 骑兵俑：

骑兵作为一个兵种出现在中国古代的军队中，大约开始于春秋战国之际。在二号兵马俑坑内发现了一批骑兵俑群，根据已出土的情况推算，二号俑坑内有陶质鞍马116匹，每匹马前立有牵马的骑士俑一件。马的大小和真马相似，身长约两米，高1.72米。马背上雕有鞍鞯，头上戴着笼头、衔、镳。骑士俑身高1.8米左右，一手拉马缰，一手做持弓弩状。俑和马的造型准确，形象逼真生动，一列列排成整齐的长方队形，威武雄壮，把秦始皇时代骑兵的真实形象，生动地展现在人们的面前。同时，这也是中国考古史上发现的数量较多、时代较早的骑兵俑群，对于研究中国的骑兵发展史和秦代的军事史具有重要的史料价值。

二号俑坑出土的骑兵马具有笼头、衔镳、缰绳和鞍鞯。笼头是控马用具，笼头上连接着铜衔、铜镳，都是乘马必备的控马装备。马缰绳有两根，各长约一米，一端分别和马口两侧的衔环相连，另一端握在骑士手中。骑士牵拉马缰绳，连动马口的衔镳，这样，骑士就可以自如地驾驭马了。

马背上雕塑着两端略微隆起，中部下凹的鞍垫。鞍面为白色，上面缀有八排粉红色的鞍钉。鞍的两侧和前后端缀有叶形和条带形的彩带。鞍上有类似皮质的扣带环绕马腹，把鞍紧紧地固定在马背上。

俑坑的骑兵马，身涂枣红色，黑鬃，白蹄，剪鬃辫尾。从马的体形来看，陶马的个头不大，头部较重但无粗相，鼻骨隆突，颈厚稍短，脊背略下凹，胸部较广，四肢发育较好，属于力量和速度兼备的类型，也是骑乘的良马。这些陶马是以宫廷厩苑的真马作为原型塑造的。

二号俑坑出土的骑兵俑，上身穿窄袖、长到膝盖的上衣，外披铠甲，且铠甲较短，腰束革带，下身穿紧口长裤，脚穿靴子，头戴圆形小帽，帽上有带扣结于颌下，这样，骑在马上疾驰时就不会被风吹落。骑兵突出的特点就是轻便、快速，所以装备比较轻。骑兵俑附近还出土了弓和铜箭头，没有见到戈、矛、戟等长兵器。

二号俑坑左侧有战车六辆，骑兵的陶马一百零八匹，每匹马前有骑士俑一个，排成一个纵长方形的军阵，纵看是三路纵队，横看是十一列横队。这个长方形骑兵军阵，可分为前后两线：前线是两列战车加一列骑兵作阵首；后线是八列骑兵作为军阵的主体。这种编组方法，反映了秦始皇时代骑兵虽然成为独立的兵种，但在战争中战车仍然居首要地位。

骑兵俑的编组是，四骑一组，构成骑兵最基层的战斗单位，三组一列（12骑），八列（96骑）组成一个纵队，成为骑兵阵的阵体，这种编组是以四为基数的。二号俑坑的军阵，是由四个小方阵组合而成的，骑兵阵仅仅是这个军阵中的左翼。这种编列反映了骑兵在当时战争中的地位和作用，就是配合战车和步兵作战。《孙膑兵法》指出，两军交战时，要看地形的险易而部署兵力。平原辽阔，适合用车；地形险峻或长途奔袭，则用骑；两军对峙，则用弩。三者结合，灵活运用，才能百战

秦始皇陵兵马俑

不殆。二号俑坑军阵的布局，基本上体现了这种原则。

4.兵器：

看过中国旧小说和古典戏曲的人，一定会对书和戏里面武将所持的各式各样的兵器印象很深，于是人们就把古代兵器统称为"十八般武器"。这"十八般武器"通常指刀、枪、剑、戟、斧、钺、钩、叉、鞭、锏、锤、耙、镗、槊、棍、棒、戈、矛。其实，古代的兵器远不止这些。据传说，兵器最早是远古时代一个部落首领蚩尤发明的，当时有五种，即戟、戈、殳、酋矛、夷矛。从考古资料来看，古代的兵器是从古代的生产工具演变而来的。远古时人类用石器掷击野兽，用石刀割兽皮和肉，后来又发明了弓箭。最早的弓箭，是在山西朔县峙峪村旧石器时代遗址中发现的，距今已有2.8万年，用的是石箭头。随着人类社会的不断发展，兵器的种类逐渐增加，到秦代时已有十多种了。

一、二、三号俑坑内已出土了大批的青铜兵器，约有四万件，其中绝大部分是青铜镞，另外还有剑、戈、矛、戟、铍、殳、钺、弓、弩等。铁兵器十分罕见，只出土铁矛一件、铁镞二件、铁铤铜镞四件。有的铜兵器上刻有铭文，为研究秦代兵器提供了珍贵的实物资料。

兵马俑坑出土的兵器大致可以分为三类：短兵器、长柄兵器和远射兵器。

（1）短兵器。短兵器有剑和金钩两种，都是青铜质地。剑已经出土24件，其中残剑五件，剑身修长，长短不一，最长的约95厘米，最短的81厘米。剑的制作工艺很规整，刃锋锐利。有的剑出土时仍然套在剑鞘内，鞘已腐朽。从遗留的痕迹来看，鞘是木质，外面包裹着麻布，用丝线缠扎，刷黑褐色漆。秦俑坑出土的青铜剑的特点是剑身狭长，剑尖锐利，穿刺力较强。

金钩两件，一号俑坑出土。它的形状像弯刀，分身、柄两部分。身呈弯月形，齐头，双面都有刀刃，断面呈枣核形；柄为椭圆柱体。这种铜兵器是考古史上的首次发现，它长约65厘米，适用于向里钩杀和向外格杀。金钩最早造于吴国，所以又称为吴钩。

（2）长柄兵器。一、二、三号俑坑出土的长柄兵器有矛、戈、戟、铍、殳、钺六种。除了一件铁矛外，其他都是铜兵器。矛是长兵器中常见的刺杀兵器。戈是头部弯曲、带柄的长兵器，适用于左右格杀和钩杀。戟是矛头和戈头合起来，安上一个长柄，既可刺又可钩，一号坑出土了四件，长约2.9米。铍的头部像短剑一样，装着长柄，长三米多，是一种比矛杀伤力更强的兵器，在一号兵马俑坑出土了16件。殳和钺实际上是礼仪兵器，都是权威的象征。殳是一种圆头、尖端为三棱锥的兵器，既可敲打，又可直刺，在一号俑坑出土一件，三号俑坑出土30件。钺在秦俑坑中只发现了一件，它像一把宽扁的斧子，装有长柄，是军中权威的象征。古代选将，要在太庙举行仪式，给主将授钺，主将执钺受命，意味着掌握了诛杀大权。

（3）远射兵器。兵马俑坑出土的远射程兵器主要是弩，仅一号兵马俑坑东端的五个探方内，就发现弩的遗迹一百三十多处，铜弩机158件，成束的箭280簇，零星的铜镞一万多支。

秦俑坑出土的弩由弓、弩臂和铜弩机三大部件组成。弓为木质，长130-144厘米，弓用皮条缠扎，表面涂褐色漆。弓弦长108-124厘米，弓置于弩臂前端的含口内。弩臂为木质，长70-76厘米，宽4-5厘米，弩臂的前端距离含口6-11.5厘米处的左右两侧各有一个长方形木耳，用两根线绳前端缚弓，后端分别系结于左右耳上，使弓固定在弩臂的含口内。弩臂的后端有用竹片做的关，关后有长方橛状的木托，并装有铜弩机件。弩臂的上部为平面，中间有承箭的凹槽，弩臂的下部呈圆弧形，左右两侧的中部成内凹的弧形，这样便于握持。弩臂通体涂褐色漆。

秦俑坑出土的兵器，都是在秦始皇时代制作的，是迄今为止的中国考古发现中，出土数量最多的兵器，它反映了秦代军队各种兵器的配置，使我们能直观地了解古代军队中武器装备的情况，有极大的研究价值和观赏价值。

（六）兵马俑军阵的编列

中国古代作战非常注意阵法。所谓阵法，就是军队队形的编组。春秋时期以前主要是车战，阵法比较简单；到了战国以至秦代，作战时除了战车外，还有步兵和骑兵，阵法的编组和运用就比较复杂了。《孙膑兵法》总结了战国时期战斗队形编列的经验，指出阵形有圆、方、疏、锥形、雁行、钩行等，还有火阵和水阵，并进一步论述了这些阵法的特点和作用，以及一些布阵的原则。由于时代久远，又没有图谱遗留下来，我们对这些阵法的具体编列已经无法理解。秦始皇陵一、二、三号兵马俑坑内共有陶俑、陶马约八千件，包括战车、骑兵和步兵。队伍严整，排列有序，车、步、骑三种兵种混合编列，显示了秦军"千军万马如卷席"的强大阵容，研究这些兵马的编列规律，可以使我们了解到当时是怎样排兵布阵的。

1. 一号兵马俑坑军阵的编列

一号兵马俑坑已经发掘出土陶俑、陶马约两千件，其中战车二十二乘、拉车的陶马八十八匹、各类武士俑一千九百多件。一号俑坑内军阵坐西向东，呈东西向的长方形，长184米，宽约57米，它是以步兵为主、战车与步兵相间排列的大型军阵。这一军阵由前锋、左右翼卫、后卫和军阵主体四大部分组成。

前锋部队位于一号俑坑东端的长廊部分，有步兵俑204件，面朝东方排成三列南北向的横队，每列有步兵俑68件。这些俑中有三件为头缩圆髻、身穿铠甲的步兵俑，其余都是不穿铠甲的轻装步兵俑。所持的兵器主要是弓弩，只有十一件俑手持戈、矛等兵器。在三列横队的左右两端各有一件头戴长冠的军吏俑，为前锋部队的统帅，这两件军吏俑的装束不同，左边的身穿铠甲，右边的

中国古代遗址

为不穿铠甲的轻装俑。军吏俑的附近各出土仪卫性的兵器金钩一件，好像是为军吏俑所佩带。

两侧翼卫部队位于一号兵马俑坑军阵的左右两侧，即一号和十一号过洞内。每个过洞内有步兵俑两列，其中一列排成纵队，面朝东方，另一列排成东西向面朝外的一字形横队。每个过洞长 178 米，有步兵俑约三百六十件。整个军阵坐西向东，而两侧翼卫分别有一列作向南、向北排列，以防止敌人从两侧袭击。这些俑除了东端的三十多件为不穿铠甲的轻装步兵俑外，其余都是身穿铠甲的重装步兵俑，手中所持的兵器主要是弓弩，部分俑腰部还有佩剑。

后卫部队位于一号俑坑西端的长廊部分，即军阵的末端。在这里也有呈南北向排列的三列横队，其中两列面朝东，最外边的一列面朝西。由于一号俑坑的西端还没有全部发掘，这三列横队步兵俑的数量和所持兵器的情况还不清楚。但根据试掘方内陶俑排列的密度推算，它的数量与一号俑坑东端作为前锋的三列横队的步兵俑的数量大体接近，约有二百件。这些俑的装束与前锋部队不同，都身穿铠甲，脑后绾六股宽辫形扁髻，是重装步兵俑。

军阵主体部分的部队位于上述四面步兵俑环绕的中心部位，即一号俑坑的二至十号过洞内。这里有战车与步兵相间排列的三十六路纵队，每队长 178 米。根据已发掘和局部试掘部分陶俑、陶马出土的情况推断，共有战车五十多座、步兵俑四千多件。由于一号俑坑还没有全面发掘，战车和步兵排列的详细情况还不清楚。战车都是木质，车前驾有四匹陶马，车上有武士俑三件。步兵俑中除军阵主体的前端少量俑为不穿铠甲的轻装步兵俑外，其余都是身穿铠甲的重装步兵俑。步兵俑所配备的武器是弓弩与戈、戟、矛、铍等长柄兵器，少数俑的腰际佩剑。

2. 二号兵马俑坑军阵的编列

二号俑坑军阵的编列与一号坑不同，它分为四个单元，即四个小阵有机地组成一个多兵种的曲形阵。它的编列方法是这样的：

第一单元，弓弩步兵组成的方阵，位于二号俑

坑的东北角，这里共有步兵俑332件，排成一个面朝东的正方形军阵。它由阵心和阵表两部分组成。阵心由八路面向东的身穿铠甲的跪射俑组成，每路纵队有俑20件，共160件。方阵的四边都是立式的步兵俑。其中，前边的步兵俑排成两列面东的南北向横队，每列有俑30件，两列共60件。第一列除了左端一件为身穿铠甲的步兵俑外，其余29件是轻装步兵俑。第二列全是身穿铠甲的重装步兵俑。方阵的左右两旁，各有三路面东的纵队，每路有俑14件，三路共有42件，全都是轻装步兵俑。方阵的后边，有两列面东的南北向横队，每列有俑14件，两列共28件，多数为轻装步兵俑，其中有两件地位较高的铠甲俑。一个铠甲俑为身穿彩色鱼鳞甲、头戴鹖冠、双手拄剑的高级军吏俑，另一个铠甲俑为身穿彩色花边前胸甲的中级军吏俑。这两件俑立于方阵的左后角，像是统帅。根据俑的姿态、手势和伴随出土的兵器，我们可以知道，阵心部分的跪射俑手持弓弩，阵表部分的轻装步兵俑为立射俑，阵表部分的铠甲俑（除统帅外）是手持戈、矛等兵器的步兵。

第二单元，位于二号俑坑的右侧，是由战车组成坐西向东的方阵。这里共有战车八列，每列八乘，共六十四乘，组成一个方阵。车是木质的，已经腐朽，仅存有遗迹。车前驾有四匹陶马，即两骖、两服。车上有铠甲俑三件，其中一件是御手，另两件是甲士（即车左和车右）。御手俑双手做揽辔状，另两件甲士俑一手做持矛、戈等长兵器状，一手做按车状。

第三单元，位于二号俑坑的中部，是由车、步、骑组成坐西向东的长方阵。这里共有战车十九乘，排成三路纵队，中间的一路有前后依次排列的战车七乘，左右两路各有前后依次排列的战车六乘。左侧六乘战车中的最后一乘是指挥车。车也是木质，已腐朽，车前有四马。每乘车上有甲士俑三件，作横一字形排列。中间的一件为驾车的御手俑，另两件为车左、车右。指挥车上也有陶俑三件，其中一件为高级军吏俑，另外两件俑一个是驾车的御手，一个是车右。每乘战车的后边都有隶属步兵俑跟随。前边的十四乘车，每乘车后有步兵俑八件；阵尾部分的五乘车，其中有两乘车是每乘车后有步兵俑二十八件，另三乘车是每乘车后有步兵俑三十二件。在长方阵的最后以八位骑兵作为殿军，八位骑兵分作前后两列，每列四骑。

第四单元，位于二号俑坑的左侧，是一个坐西向东的骑兵阵。这里有战车六乘、骑兵一百零八骑，排成十一列横队。第一、三两列是战车，每列有车三乘。第二列及四至十一列为骑兵，每列有骑兵三组，每组四骑，共计十二骑。战车都是木质，已腐朽，车前驾有四匹陶马。车上有陶俑两件，一个御手，一个车右。古代一乘战车上一般有三人，而这里的六乘战车，只有两人，缺少一人，叫做"旷左"。这种车叫佐车，又叫副车、贰车。这个骑兵阵的纵深大于面阔，以两列战车夹一列骑兵作为阵首，后面紧接着是八列骑兵（共计九十六骑）作为阵体。这种编组方法在考古史上是首次发现。

3. 三号兵马俑坑军阵的编列

三号俑坑的结构比较复杂，分为左、中、右三区。中区有车一乘。左区（即北区）有铠甲俑二十二件，分南北两边作面对面夹道式排列。右区（即南区）有铠甲俑四十二件，分别位于前廊、甬道、前厅、后室四个区域内，作面对面夹道式排列。俑手中持有仪卫性兵器殳。三号俑坑是指挥一、二号俑坑军阵作战的指挥中心。

4. 未建成的四号俑坑

1976 年夏天，在一号兵马俑坑的中部北侧，二号和三号兵马俑坑之间，通过考古勘探发现了一个没有建成的兵马俑坑，编号为四号坑。坑内充满了淤泥和淤积的沙石，没有陶俑、陶马和其他文物遗迹。根据考古结果分析，这个坑是人工挖掘出来的，坑的深度和一、二、三号俑坑的深度相似。从俑坑的整体布局上看，有四号俑坑显得兵马俑坑的布局很完整，去掉则显得右重左轻而不太对称。因此，考

古学家推断它肯定是和一、二、三号俑坑同时挖掘的一组陪葬坑。

　　总之，秦始皇建造兵马俑坑主要是为了他在死后也能像生前一样继续统率这支强大的军队，这个巨大的地下兵团以战车、步兵排列的一号俑坑军阵是右军；以战车、骑兵和弩兵组成的二号俑坑军阵是左军；未建成的四号俑坑，是原来设想的中军；三号俑坑是统帅右、左、中三军的指挥部。我们仿佛看到了两千多年前的秦王朝兵强马壮、灭六国、统一中国叱咤风云的气势。

四、秦俑的雕塑艺术

秦始皇兵马俑的宏伟场面，让人震撼，尤其是把没有生命力的陶土塑造成一个个活灵活现的如同真人、真马般大小的陶俑和陶马展现在世人的面前。陶俑形态各异，使我们看到了当时现实生活中的秦人的形象，同时我们也不得不赞叹中国古代的劳动人民的心灵手巧。

（一）栩栩如生的形象

秦人对头发、胡须和眉毛非常重视，往往把头发的式样看成是一个人身份、地位的象征。我们可以从秦俑的发型中看出秦人对头发的重视和讲究：头发梳理得整整齐齐，发髻有圆髻和扁髻之分，发辫也是各式各样，真实地反映了当时人们的形象。

秦始皇兵马俑坑中的轻装步兵俑和一部分铠甲俑，都在头顶的右侧挽有高大的圆形发髻，在双鬓和后脑各梳一根三股小辫，这三根小辫相互交叉盘结在后脑，交接处有的别着白色方形发卡，发髻上扎着发绳和发带。圆髻的形状远看大体上相似，近看就可以辨别出各种不同的变化，有单台圆髻、双台圆髻和三台圆髻之分。秦俑发辫的盘结形式多种多样，以十字交叉形和枝杈形数量最多，发辫在后脑盘结，既美观又起着束发的作用。

扁髻是军吏俑、御手俑、骑兵俑和部分铠甲俑头上挽结的发髻。扁髻多作六股宽辫形，它的挽结方法是：把全部头发梳理后拢于脑后，编成六股宽辫，再把宽辫折叠成长方形反贴在脑后，在宽辫的中部别上一枚白色方形发卡，发卡背

秦始皇陵兵马俑

面有两条细绳，把宽辫紧紧地固定在脑后的发层上。

秦人不仅对头发十分钟爱，对胡须也非常重视。秦汉时，一般成年男子都留胡须，只有犯了罪才剃须。秦俑坑出土的武士俑，除了个别的没有胡须外，其他的都有胡须，而且样式很多，有的是络腮胡、有的是长长的胡须，还有的是八字胡等等。这些胡须的样式是秦代雕塑师们对现实生活进行概括所提炼出来的，并且适当地加以夸张，赋予人物多姿的形象和鲜明的性格。

从每一件陶俑的面部和所留的胡须形状来看，留哪一种胡须，都是与年龄、性格和社会风尚有关系的，也影响俑的面貌、神态和性格。比如，年轻的多留短八字胡须、平直形胡须或者不留胡须，显得更加年轻和举动敏捷、干练；年龄较大和面孔严肃的，多留下垂形胡须，显得更加庄重、威武；面貌强悍的，多留上翘形胡须，显得更加剽悍。秦俑的面部轮廓，以"目"字、"甲"字和"国"字形最多，以"申"字和"由"字形最少，此外，还有"用"字、"田"字形等脸型，这种现象说明秦人和现代人的面部轮廓基本相同。秦俑的面貌，也有美、丑、胖、瘦、年轻、年老、常见脸型和罕见脸型的区别。如果仔细观察，也可分出喜、怒、哀、乐等情绪，可谓形神兼备，刻画精细。

秦俑的五官，除了耳朵是预先制好后粘贴到面颊两侧的以外，其余都是经过精心雕刻的，尤其是眼睛的刻画比较精致。眼睛是心灵的窗户，不同的眼神表露出不同人物的内心世界。所有秦俑的眼球都是仅雕刻出一个微微的凸面，然后再以彩色点染，绘出白睛黑珠，由于时间久远，大部分俑眼球上的色彩已经脱落，只有极个别的颜色鲜艳如新，使我们能看到原来眼神的风采。秦俑的眼睛绝大多数是较厚的单眼皮，双眼皮极少，这与关中秦人的实际情况基本吻合。

秦俑身上的衣服，可以分为上衣和下衣两大类：上衣有长衣、短衣、褶衣、中衣、内衣等；下衣有裤、裹腿、护腿等。

大多数秦俑都穿长达膝部的长衣,高级军吏俑穿的长衣为两层,中级和下级军吏俑以及一般战士穿一层长衣,长衣的基本特征是:衣领相交,右领压在左领之上,双襟宽大,几乎把身体包裹两周,长度达到膝盖或膝下。短衣的样式和长衣基本相同,就是长度比长衣短了一截,衣的下摆仅盖住臀部。褶衣是骑兵俑的服装,衣长到膝盖,衣领相交,袖长到手腕,袖口窄小,腰系皮带,领、襟和袖口都镶着彩色花边。高级军吏俑穿内外两层的长衣,内层的长衣就叫中衣,中衣比长衣略长,颜色多为大红,与外衣的颜色形成鲜明对比。内衣又叫汗衣,是贴身小衣。

秦俑下体都穿裤,裤有长裤和短裤两种。长裤又叫大裤,裤筒长至脚腕,把腿全部包裹在裤管内,裤脚紧紧束住脚腕,主要见于高级和中级军吏俑。步兵俑和车兵俑基本上都穿短裤,短裤的裤管较短,只能盖住膝部。秦俑中的轻装步兵俑和一些身穿铠甲的重装步兵俑,小腿部分扎着裹腿,就是用条带形的布条由脚腕向上螺旋形缠裹到膝盖下,上端用带束扎。另外,有一部分步兵俑和御手俑的小腿上都套有护腿,其质地厚重,里面好像包裹了棉絮,可以用来防御箭头、戈矛伤害腿部,是一种卫护身体的防护装备。

在秦俑坑中,还有一部分俑的身上披有铠甲,这些披铠甲的武士俑,威武健硕,再现了秦代武士的标准形象。武士俑身上的甲衣采用浅浮雕的艺术手法刻成,形象逼真,甲片的大小、叠压顺序以及编缀方法,都十分清楚。由于俑

秦始皇陵兵马俑

147

的大小和真人相似，所以甲衣的大小很接近于实物，这是研究秦军防护装备最珍贵的资料。

从武士俑身上的甲衣来看，不同的兵种有着不同的甲衣：骑兵的甲衣短小，双肩没有遮护的甲胄，这种短小灵便的甲衣，非常适合骑兵进行骑射。御手俑的甲衣比较长，特别是一般战车上御手俑的甲衣，脖颈上有颈甲，手上有护手甲，肩甲更为特殊，长及手腕，腿部还有护腿，几乎全身重要部位都在甲衣之内，在秦军中是防护装备最好的。此外，秦俑的职位高低不同，甲衣的样式和装饰也不同。军吏俑与一般士兵俑的甲衣有着明显的不同，高级军吏俑的甲衣前胸和后背有几朵彩带花结，胸和腰部以下嵌缀鱼鳞片状的小甲片，甲衣边缘绘有精致的几何形图案花纹，而步兵俑的甲衣都是用比较大的甲片编缀而成的，有肩甲，但甲衣上没有任何装饰。

秦俑在埋入地下之前，身上都绘有鲜艳的色彩，但经过两千多年的侵蚀，出土时色彩大部分已经脱落，仅留下残迹，个别俑的身上残存的颜色比较多，色泽如新。总的看来，秦俑的服装没有统一的颜色，而是各有所好，色彩艳丽。在众多的颜色中，以粉绿、朱红、粉紫、天蓝这四种颜色为主，是主要的服装颜色。军队官兵、政府官员、宫廷内养马喂兽的仆役人员，他们的衣服颜色没有明显的区别，军队中各兵种也没有专有的服装颜色。

（二）写实的艺术风格

秦始皇兵马俑是写实性的优秀作品，这是国内外专家一致的意见。在构图上它模拟军阵的编列；在艺术表现形式上，给人的第一个强烈印象就是高大、数量多、真实。八千件和真人、真马大小相似的陶俑、陶马，一列列、一行行排列有序，场面壮观，气势磅礴，呈现出一种崇高的艺术境界，令人震撼。

从局部观察，每件作品都是经过精心雕琢，极力模拟实物制造而成的，其严格的程度令人吃惊。例如，陶俑、陶马的高低以及战车的大小和各部分的比例，都尽力按照实物的真实尺寸制作；武士俑的铠甲，甲片的大小、叠压关系和编缀方法，与真实的甲衣完全相同；武士俑手持的是实战用的兵器；俑的服装、冠履、发型，都接近真实；队列的编制组合，也合乎兵书上的规律，这都是秦军真实的写照。

秦俑艺术的一个显著特征，就是重视传神，工匠们能够抓住不同身份、不同人物的性格特征和精神面貌着意刻画，塑造出多种多样的人物典型。如将军俑的形象是身体魁梧，巍然伫立，有非凡的神态和威严的魅力。有的面型修长，一把长须，显得稳健风雅；有的胡须飞卷，目光炯炯，表现了威猛的气势和豁达的性格。一般战士的神态更是多种多样，有的眉宇凝聚，显得意志坚定而刚毅；有的五官粗犷，性格憨厚淳朴；有的舒眉秀眼，性格文雅；有的注目凝神，机警聪敏；有的神情肃穆、稳健；有的眉宇舒展，带着天真活泼的稚气。也有通过一定动作的塑造，来揭示文物精神面貌的，如立射俑，左腿前弓，右退后绷，左臂伸张，右臂弯曲高举，那严肃认真的神态，逼真而生动。

（三）高超领先的工艺

秦俑坑出土的这些高大、形象逼真生动的陶俑、陶马又是怎样制作的呢？考古工作者在发掘和修复的过程中，经过对一件件作品详细的观察，大体上摸清了陶俑、陶马制作的工艺过程和技艺手法：它是以手塑为主，俑头和马头借助模子制作成初胎，再进行细部雕刻。其工艺过程是先用泥塑成粗胎，再经过二次复泥进行修饰和雕刻，头、手和躯干分别制作，然后组合到一起，成型阴干后放进窑内焙烧，烧制的温度大约在1000℃，出窑后再对俑进行通体彩绘。

1. 俑头的制法

俑头都是单独制作，然后与躯体套合组装成一体，俑头的制作过程分为两

个步骤：第一步先做成大致轮廓的粗胎，第二步再加工雕刻五官和发髻、发辫、冠帻等细部。绝大多数俑头的粗胎都是用合模法制作的，这种方法是将俑头分为大致相等的前后两半，分别用模具制作，然后将模制成的两半相合粘接在一起成为头。大型黏合时留下的缝都比较整齐，多数位于耳朵后。一些俑头出土时，合模缝处已经裂开，胎壁的内侧有手指的抹划纹和按压纹。

俑头的粗胎制作成后，要进一步粘接脖颈、耳朵、发髻、冠帻以及进行五官细部的刻画等。俑头的脖颈，有的是空心的，有的是实心的，粘接在脑壳下部的空腔内。耳朵是用单模制作，粘接在脑壳的左右两侧；也有少数俑的耳朵是堆泥捏塑和雕刻而成。陶俑的发髻有两种：一种是贴于脑后的扁髻，多数是堆泥雕成，少数是单独制成后粘接在脑后；另一种是圆髻，有的是空心髻，有的是实心髻，空心髻是用合模法制成后粘接在头顶右侧，实心髻是堆泥雕成。发辫的制作技法有两种：一种是雕刻而成，另一种是单独雕成后粘接在头上相应的凹槽里。俑头上戴的长冠和鹖冠，都是单独雕塑成型后粘接在头顶上的。步兵俑的帻和骑兵俑头上的圆形小帽，都是在头上覆盖上泥后雕成的。

俑头面部的五官是在模制粗胎的基础上，再经过精心的雕刻和修饰，用来表现人物不同的性格和心理特征。年龄不同，面部的肌肉也相应地有所变化，可以说是千人千面，面貌神情各不相同。

2. 俑躯干的制法

陶俑躯干的制作方法，是从下而上逐步采用叠塑法先制成粗胎，然后再进行细部的处理和雕刻，其工艺过程有六个步骤：

第一步，先制作陶俑站立的脚踏板。由于陶俑站立的姿势不同，脚踏板的形状也不同，有方形、长方形、五角形等，是用方框形的模具填泥制成板状，表面光滑。

第二步，塑造俑的双脚。俑的双脚，有的和脚踏板连在一起塑造；有的不和脚踏板连在一起，等到入窑焙烧后再把脚踏板用胶合剂粘接在脚下。为了方便下一步接塑双腿，在做脚和鞋时，有的在脚跟部分预先留下圆形凹槽或圆形插头。

第三步，俑的双腿和短裤。俑的腿有粗、细两种，细腿是实心的，粗腿是空心的。实心腿的做法是，先把泥片反复卷搓锤打成圆柱形，接塑在脚跟上，交接面上拍打粗绳纹，使结合紧密，再经过刮削修饰成型。空心腿的做法多种多样，有的在脚跟上堆泥塑成脚腕，在脚腕上用泥条盘筑成型；有的用泥片卷成漏斗状，接在脚跟上；有的将泥片卷搓锤打成实心的泥柱粘接在脚跟上，在将泥柱的上半段挖成漏斗形的洞。陶俑下身穿的短裤的制法是，先在双腿的上段外侧拍印一圈粗绳纹，有的是缠扎几圈的粗麻绳，把预制的泥片包裹在双腿上段塑造成裤管，并印上花纹。

第四步，塑造俑的躯干。秦始皇兵马俑坑出土的陶俑的躯干内部都是空的，用泥条层层盘旋塑成。观察已经破碎的陶俑躯干内壁，可以发现一圈圈的泥条接茬痕迹明显，还有手指刮抹的痕迹，并留有圆形的锤窝。这说明为了使泥条缝隙密实，曾经在俑的体腔内侧衬着麻布或绳的编织物用木棰捶打。

第五步，粘接俑的双臂。陶俑的双臂是空心的，都是单独制作的，然后粘接到躯干的两侧。为了增强接茬处的附着力，在粘接面印上粗糙的纹路或用刀划出交错的沟痕。

第六步，插接俑的双手。手都是单独制作，然后插接在袖管内。手的姿态多样，所以制作的方法也不一样：有的伸掌，有的半握拳，有的双手叠压在腹前做拄剑状，有的缩在袖管内只露出拇指和食指。手采用了两个模具制作，其中一个模制四指和手背，另一个模制掌心和拇指，最后将两片黏合在一起。

经过这六个步骤之后，陶俑的制作基本完成，在这个基础上再进行下一步的细致雕

秦始皇陵兵马俑

刻。在陶俑粗胎表面抹一层细泥，经过打磨抹光，刻画、塑造衣襟、领角、领口和衣服的各种褶纹。衣角和衣领采用浮雕加阴线刻的技法；衣襟、袖口的纹路作成浅浮雕的效果；衣服的褶纹用阴线刻，风格简洁。短裤的裤管下口，雕成圆形、方形、六角形、八角形等不同的形状，装饰意味十分浓厚。有的俑腿部有厚重的护腿，但没有复杂的纹路，线条简洁，质感较强。陶俑身上的铠甲，有的是在俑的粗胎上直接雕刻，有的是在粗胎上先抹一层细泥，然后雕刻成浮雕的效果。甲片的叠压关系很清楚，形象逼真，质感和立体感都很强。陶俑的手、脚和鞋的细部刻画比较精致，手的指甲、关节、手纹和肌肉的厚薄都非常逼真，脚面的肌肉和筋骨的变化都十分清晰。陶俑的躯干和四肢部分经过精心的雕刻以后，再把另外单独制作的俑头安装上，陶俑的整个制作过程就完成了。等到陶俑的胎质完全阴干后入窑焙烧，出窑后再彩绘。

3.陶马的制法

兵马俑坑出土的陶马，出土时没一件是完整的，考古工作者在清理和修复陶马的过程中，发现陶马的制作方法是：先将马头、颈、躯干、四肢、尾、耳等分别制作，然后粘接和拼装成为粗胎，再经过雕饰加工成型，阴干后入窑焙烧，最后彩绘。

陶马的身体塑造手法简洁，都是弧面没有雕饰，这样就显得膘肥臀圆，肩部高耸、脊部微凹，胸部肌腱隆突，前腿如柱，后腿如弓，关节筋骨分明。马头的塑造比较细腻，显得透皮见骨。薄薄的眼皮用折皮的阴线表示折纹，眼球隆凸。粗大的鼻孔上刻着螺旋形的折曲阴线，借助光线的阴暗作用，好像看到了马在扇动着鼻翼，打着响鼻。马的耳朵向前耸立，显得十分机警。陶马的造型准确，各部分的比例适宜，技法熟练，说明了秦代在雕塑动物的造型上达到了相当高的水平。

那么这些栩栩如生的兵马俑又是由谁塑造的呢？经过考古工作者多年的研

究，弄清楚了秦俑的具体制作者是处在秦王朝社会下层的一批陶工。这些陶工有的来自宫廷的制陶作坊，有的来自地方的制陶作坊，目前已经发现陶工的名字八十个，他们都是具有丰富实践经验的优秀制陶工。陶工的名字一般刻在或戳印在陶俑、陶马身上一些不被人们注意的地方，字数很少，一般只有一两个字。来自中央官府制陶作坊的陶工名字前加一个"宫"字；来自地方制陶手工业作坊的陶工名字前加一个地名，以"咸"或"咸阳"居多，说明是来自秦都城咸阳附近的陶工。这些被埋没了两千多年的艺术大师，由于兵马俑的发现而重新出现在人们的面前，这对中国考古史和文化艺术史有着重要的意义，使兵马俑成为雕塑史上无与伦比的奇迹。

秦始皇陵兵马俑

五、青铜之冠，厚葬之风

规模庞大的兵马俑坑作为秦始皇死后的重要陪葬坑被发现后，引起了人们对秦始皇陵其他考古发现的重视。经过三十多年的考古勘探，考古学家在秦始皇陵园内外又发现了各种大小不等的陪葬坑和各种墓葬坑五百多处以及数百万平方米的地面宫殿建筑遗址。这些考古发现有：

（一）铜马车陪葬坑

1978 年 7 月，考古队在秦始皇陵封土西侧钻探，不久发现了一座平面呈"巾"字形的大型陪葬坑，坑东西长和南北宽均为 55 米，距离现在地表约 8 米，面积为 3025 平方米。经过考古专家的局部试掘，于1980 年在一个木椁内出土了一前一后排列的两乘大型彩绘铜马车，马车出土时已经残破，经过修复后恢复原状。车马的大小相当于真车马的二分之一，每乘车都是由三千多个零部件组装而成，重一千多公斤，其中金银饰件重约七公斤。两乘车的形制却不相同：一号铜马车的车前驾有四匹铜马，车上立着一个高柄的铜伞，伞下有站立的铜御官俑一件，车上配有铜弩、铜箭、铜盾。车马通体彩绘，马头上戴着金银笼头、金银缰索、金银项圈，显示了马车等级的高贵。二号铜马车的车前也驾有四匹铜马，车舆类似后代的轿车形，四周封闭，上面有龟甲形的车盖，车的两侧及前边各有一窗，后边有门，门窗都可以自由开合，车分为前后两舆，前舆内有跽坐的铜御官俑一件，车马通体彩绘，装饰华贵。一号车古代称为立车，二号车古代称为安车，是皇帝车马仪仗队中的两乘车。车马的驾具齐全，形象逼真，与真车没有区别，是迄今中国发现的体型最大、装饰最华丽、结构和系驾最逼真、最完整的古代铜马车。被誉为"青铜之冠"，同时也为研究皇帝的舆服制度提供了具体的实物资料。

（二）石铠甲坑

石铠甲坑位于陵墓封土的东南角内外城垣之间，面积 12900 平方米。经过考古专家的局部试掘，已出土石质铠甲 90 领、石盔 36 顶以及一批车马器。石铠甲、石盔都是由各种不同类型的青石片用铜丝编缀而成，它的大小和编缀的方法和真实的盔、甲完全相同。石甲的类型很多，通过对其中的部分甲和盔进行的提取修复，我们可以知道，石甲和石盔缺乏韧性，石片容易破碎，重量过大，因而可能不是实用物，而是冥器。

（三）百戏俑坑

位于石铠甲坑的南侧，两坑相距约四十米，面积约八百平方米。经过局部试掘，在面积约九平方米的范围内出土陶质百戏俑十二件，另外，还出土大铜鼎一件。百戏俑的大小和真人相似，下身穿着短裙，身体其他部分全是裸露的。现在已经提取修复了三件，其中一件身体壮硕，双脚一前一后分开，右臂举起做托物状，怀疑是扛鼎俑。这个坑曾经伴随出土了一件大铜鼎，重212公斤，原来置于坑顶的棚木层上，由于棚木被烧毁，就落在坑下的填土中，怀疑该鼎是这个俑象征性的道具。另一件俑是大力士的形象，腹大如鼓，双臂及胸部的肌肉暴起，他双脚张开，双手放在腹前握持腰际的前搭，左臂和躯干间有圆孔，孔内原来插一高竿，竿上应当有另一个演员做竿技表演，这个俑是持竿的力士俑。第三件俑身体比较瘦小，是属于技巧型的演员，他双脚伫立，双手交叉垂在腹前，是演出前的准备姿态。另外，还没修好的俑中还有盘旋等各种不同姿态的俑，这为了解宫廷的娱乐活动以及秦代人体造型提供了新的资料。

秦始皇陵兵马俑

155

（四）马厩坑

　　有大型和小型两种：大型马厩坑平面呈曲尺形，面积两千多平方米，经过局部试掘，发现坑内埋的都是真马，并有身高 1.9 米的大陶俑。小型马厩坑已经发现了 98 座，每座坑内埋有一匹真马，马头前放有陶盆、陶罐，盆里有谷子和草。马头旁边的小柜子里有一个身高七十厘米左右的跽坐俑，俑前放有陶灯、铁镰、铁锸等物品。出土的陶器上刻有"大厩""中厩""宫厩""左厩""小厩"等文字，表明马厩坑象征着宫廷的厩苑，秦始皇在死后也要享用。

（五）珍禽异兽坑

　　已经发现 31 座，试掘了 4 座，有瓦棺出土，棺内有鹿、麂等动物的遗骸，另外还出土有跽坐陶俑。根据钻探和试掘情况分析，31 座陪葬坑中有 14 座为跽坐俑坑，17 座为盛动物的陶棺坑。俑是饲养动物的人员，秦始皇生前，就在京城附近的上林苑养着珍禽异兽、奇花异草，以供游猎、巡幸之用。他把囿苑搬到地下，以便死后享用。

　　除此之外还发现了一些陵园建筑的遗址，有内外城垣、门阙、寝殿、便殿、园寺、吏舍等建筑，还有一批陪葬墓。其中位于陵墓封土西北角的甲字形大墓可能是公子高的墓，还有修陵人员的墓葬区，说明秦统一中国后曾从全国各地征调大量的刑徒和民工来修筑陵墓。

　　正是由于考古工作者的辛勤劳动，使我们对"千古一帝"秦始皇的陵墓有了更为细致的了解，充满神秘的地宫，栩栩如生的兵马俑，令人赞叹的雕塑艺术，给我们留下了深刻的印象。

良渚文化的玉器

　　良渚文化遗址中大量玉器的出土，使玉器几乎成为了良渚文化的代名词。玉器是良渚先民所创造的物质文化和精神文化的精髓。良渚文化玉器达到了中国史前文化的高峰，其数量之众多、品种之丰富、雕琢之精湛，在同时期中国乃至环太平洋地区拥有制玉传统的部族中，独占鳌头。而其深厚的历史文化底蕴，更给世人带来了无限的遐想。同时对后世也产生了较为深远的影响。

一、古国古城

（一）美丽小洲的故事

几百万年的时间里，人类已经在地球上创造了无数的奇迹。神秘的人类历史则因为各种各样的自然因素发生着巨大变化。单就地理坐标来讲，广受人们关注的北纬30度地带一直以来就被蒙上神秘的面纱。科学家们发现这一纬度有地球的最高点珠穆朗玛峰与最低点太平洋马里亚纳海沟，中国的长江、美国的密西西比河、非洲的尼罗河等世界级河流也都是在这个纬度注入大海。而此刻，一些新近发掘的神奇事物又在这个纬度不断地创造着自己的神话。奇迹的产生往往与时间的过渡有着密切的关联。经历过岁月的考验，至今依旧能够发挥重要作用的便能够成为遗产。我们用"经典"这两个字来形容"良渚文化"并不夸张。这个奇迹源自一块神秘的古玉。

六十多年前，中国东南方湖海之滨的一个小镇，引起了世人的瞩目。从浙江杭州市中心出发，沿着杭宁公路向西北驱车约15公里，便可见到一座富有江南水乡特色的古镇——良渚镇。这里属天目山余脉与杭嘉湖平原的接壤地带，河流纵横交错，沃野阡陌绵延，村落星罗棋布。良渚是个耐人寻味的地名，"良渚"在宋代被称作"梁渚里"，到了清代，才改为"良渚"。"良"是美好的意思；而"渚"则指水中可居的小洲，良渚就像它的名字一样，是一个"美丽的小洲"。

半个多世纪的考古发现，全县近五十个乡几乎都发现了原始文化遗物，遗址最集中、最丰富的是北湖、长命至安溪、良渚一带。在仅三四十平方公里的范围内，集中了多达四五处的古文化遗址。

这里是中国五千年文明史最具规模的地区之一，为研究长江下游的文明起源提供了不可多得的资料。这一切都源于 1936 年的一次石破天惊的考古发现，它拉开了探索中国南方史前文化的序幕。

（二）发现与命名

　　良渚文化，距今大约四五千年，谈起它的发现，有两个重要的人物不能不被提到，他们就是何天行与施昕更。

　　何天行先生自幼熟读古文，博古通今，有着深厚的文化素养。早在 1935 年以前，良渚一带盗挖文物之风就很盛行。当时风华正茂的何天行先生正在复旦大学中国文学系就读，而开设的课程中就有考古学，他对此比较感兴趣，经常利用假期到民间探访，其中就包括良渚。在良渚采集和购买了很多陶器和石器，并于 1937 年 4 月出版了《余杭县良渚镇之石器与黑陶》，开了良渚文化研究的先河。

　　施昕更先生生于杭州余杭良渚镇一户家道中落的人家。他自幼聪颖，中学毕业后考入浙江省高级工业学校艺徒班学习绘图，为后来的考古发掘工作打下了基础。1936 年初，杭州市在西湖西北的古荡老和山下（在今浙大玉泉校区内）建造第一公墓时，曾陆续出土一些石器和陶器。这些发现引起了西湖博物馆的重视，并于 5 月 31 日对这一处古遗址进行试掘。施昕更也一并参加。尽管这次试掘仅进行了一天，共挖开了三个探方，发掘出石器六件、陶片三块，收获虽不丰富，却因此激发了热心于考古事业的施昕更的热情，成为发现良渚遗址的契机。在整理出土器物的过程中，一件有孔石斧引起了施昕更的注意。这种石斧在他的家乡良渚一带常有发现，当地村民称作石铲。清末民初之际，良渚出土或传世的古玉早已闻名遐迩。当地农民为利益所驱，盗挖古玉成风，盗坑附近常散落一些石器及陶片。施昕更从小对当地的"掘玉"耳濡目染，印象深刻。然而，老和山和良渚之间有着什么样的联系呢？施昕更有了回老家

调查的想法。同年 6 月，他回良渚作了一次深入调查，但毫无收获。

施昕更并不气馁，一个月后他再次回到良渚。他在采集到几件石器后便回馆进行分析研究，可仅仅靠几件石器来研究是不够的，还必须要有更多的资料。为此他一有空就往良渚跑，穿行于田野之中。6 个月的野外考古十分艰苦，由于疲劳过度施昕更几次晕倒，幸好被村民发现及时送回家里。施昕更并没有因此放弃调查工作，病好后又回到乡间田野，寻找先民踪迹。正所谓"功夫不负

有心人"，1936 年 11 月 3 日的下午，施昕更在朱村兜附近发现了几片"黑色有光的陶片"。陶片的发现让施昕更兴奋了很久，这说明良渚地区的确埋有重要的文化遗藏。

1936 年 12 月，施昕更主持了良渚遗址的首次发掘，也是江南地区的第一次考古发掘。对良渚的发掘陆续进行了 3 次，积聚了一批实物资料，但当时的施昕更没有意识到这是一种独立的文化，而是把它定为龙山文化的分支。1938 年，考古发掘报告《良渚》出版了，年轻的施昕更作为良渚文化研究的开拓者留在了良渚的史册上。

《良渚》的发表，使这个美丽的名字进入了中国学术界的视野，越来越多的考古学家开始关注起良渚，对良渚文化遗址的发掘也逐渐展开。尤其是到了 20 世纪 50 年代，环太湖的考古工作陆续展开，良渚遗址像雨后春笋般钻出地面，它丰富的遗址内涵和文物，在考古界掀起了一阵"良渚风"。

1959 年 12 月，考古界专家夏鼐先生在长江文物考古队队长会议上正式提出了"良渚文化"的命名，"良渚文化"从那时候开始在学界得到了公认。经测定，良渚文化距今 4000 年到 5000 年。

（三）掘地惊天

20 世纪 60 年代后期开始，太湖地区变得沉寂了，直到 1973 年夏天，余杭县长命乡的一个村民在农田翻地时，意外地挖出了一些古玉器。经过文物部门

鉴定，这个农民挖出来的古玉，是距今 5000 年前的玉器。

考古人员沿着这个线索寻找，最后找到了一个叫反山的地方。说它是山，不过是比其他地方高出四五米的一个大土堆，这个土堆并不是自然形成的，而是由人工堆筑成的熟土堆。是什么人在什么年代为什么而堆的？在这个土堆附近，为什么会出现古玉？考古人员立即想到了"良渚文化"。

反山位于良渚镇西北方向五公里处，从农民挖出的古玉看，材质和器形都与"良渚文化"的文物类似。难道反山土堆下面埋藏着"良渚文化"的遗存？

浙江考古研究所组成的挖掘小组进入反山工地，就在发掘进行到第 22 天的时候，人们在一个南北走向的墓坑中有了发现。然而不合时宜的暴雨迫使他们不得不停下手中的工作。第三天下午，雨过天晴，发掘队的全体人员都聚集在这个墓坑的边上。突然，在坑下作业的人员大喊一声，人们的目光投向他用铁铲翻起的泥土，泥土中露出一个带有温润光泽的绿色器物的一角。

一件精美的玉器从泥土中清理了出来，这就是史籍中有过记载的玉琮。以往在良渚文化遗存中也有玉琮出土，但像这么大、这么精美的玉琮却从没有见过，现场的所有人都惊呆了。紧接着，一件更大的玉琮出土了，这个玉琮重达 6.5 千克，后来被称为"玉琮王"。随后各种形状的玉器不断被发现，在这个编号为 12 的墓坑中，一共出土了 700 多件玉器，这些玉器从头到脚围绕着墓主人，摆放十分讲究，似乎在表达着某种信仰和理念。

12 号墓清理完了以后，考古人员在 600 平方米的范围内，又陆续发现了另外十座良渚时期的墓葬，出土玉器达 5000 多件，这是良渚文化考古发掘史上最为壮观的一次发掘。

（四）神秘的莫角山

据近年的调查和钻探，遗址群内已发现一百多处遗址，其中最大的一处就是莫角山遗址。

对莫角山遗址的认识经历了一个漫长

良渚文化的玉器

的深化过程。由于体量巨大，又被林木覆盖。很长时间里莫角山一直未被考古部门注意。解放前这里是一片乱坟岗，解放后这一区域被开辟为果园，在平整土地的过程中，许多汉墓曾被毁掉。1970年，当地一位农民在遗址西南部的桑树头建房时，又掘出两块玉璧和一些石钺，于是又判定这里有良渚文化遗存。此后很长时间，考古部门从未获得有关该遗址的文物信息。

1987年，浙江省考古所配合104国道改造工程，对遗址东南部进行了发掘，共挖出25平方米的探方十三个，结果出人意料地发现大面积的坡状烧土堆积。由此，考古工作者开始对这一遗址刮目相看。就在红烧土堆积大面积被发掘的同时，遗址西侧国道旁的水沟边也发现了七米长的红烧土堆积。此后数年中，在遗址北侧、南端等地均发现红烧土遗存。

为了揭示这片沙土的真实面目，1992年9月至1993年7月，考古工作者在基建工程范围内进行了发掘。共计发掘面积近1400平方米，发现大面积夯土建筑基址。此间，在小莫角山南侧进行的小规模的抢救性发掘，发现同样结构的夯土建筑基址，基址面上还发现成排的柱洞。莫角山的庐山真面目由此开始显露出来。

经过数月的发掘，再结合调查钻探资料，推测访夯筑遗存总面积应不少于3万平方米。如此巨大成片的夯筑层必定是某项大型建筑的基址。夯筑层和被压的地层及灰坑皆属良渚文化时期。夯层的沙土内也出土了为数极少的良渚时期的碎小陶片。这些都表明该建筑基址是良渚文化遗存。这一发现使我们首次看到了良渚时期的大型夯土基址和打破基址的大型柱洞。

经过多年的资料积累，莫角山已被证实是一处人工夯筑的巨型土台。它形态规整，气势恢弘，土台内的文化内涵非常丰富。莫角山发现的夯土建筑基址是良渚时期罕见的。在数万平方米的面积内用同一种方式即一层薄沙、一层薄泥精心地逐层夯筑，足见其异乎寻常的重要。这种夯筑方式本身是一个创举，更是一种尊贵的象征。

考古发掘虽然只揭示了大型夯土建筑基址的局部及基址上的数排大型柱坑，表明这里曾经矗立过极为重要的建筑。按照莫角山遗址的位置及规模，三万平方米的超大型夯土基址上应该有一组庞大的建筑群，而这一建筑群应该就是当时最高权力的象征。如果遗址上的三个土台——大莫角山、小莫角山、乌龟山被确认为良渚时期的遗存，那么它们很可能就是大型基址上的主体建筑。三万平方米的夯土基址是一个总体基础，主体建筑区另有加高的台基，广大的露天台面应是能进行大型活动的广场。夯土基址上大面积的沟埂遗存、积石坑和灰坑，可能是重要的礼制性遗存。1987年在遗址东南部小规模发掘中揭露出的位于夯土基址边缘的坡状烧土堆积，也应是礼制性、宗教性活动的遗存。

随着对良渚文化的深入研究，莫角山遗址的重要性得到了越来越多的认同。莫角山已不仅仅是余杭良渚遗址群的权力中心，而且是整个良渚文化的政治和宗教中心。

（五）东方金字塔

反山良渚墓葬出土的大量玉器，使中国玉器的历史一下提前了两三千年，也使民间传世的古玉价值陡然剧增。而一些人也乘机盗掘古墓。距反山五公里的瑶山成为他们的目标，而这竟引发了良渚文化的又一次重大考古发掘。

瑶山是一座海拔38.2米的自然小山，在山顶下西北部的缓坡地带，考古人员发现了一个奇怪的夯土建筑。接着，考古人员又在土台上发现了12座墓葬，并从这些墓葬中发掘出1000多件器物，其中90%以上是玉器。从出土文物的器形和大量的玉器可以判断，这些墓葬属于良渚文化。考古人员确信，这座土台是远古人们从事某种精神活动的祭台，而墓葬中那些形态各异的玉器便是见证。

汇观山与瑶山相距不远，是一座高约30米的

良渚文化的玉器

163

自然山冈。1991 年，在这里也发掘出一座较为完整的良渚文化祭坛，且两处所发现的祭坛形制十分接近。祭坛西南部的四座大型良渚文化墓葬中也同样出土了数量可观的玉器。反山遗址的发掘收获颇丰，共发掘出十一座墓，出土了 1200 多件（组）随葬品，特别是一大批精美绝伦的玉器，完全超过了以往发现的规格。

接下来的十年里，常州、苏州、上海一带，一座座"山""墩"被发现，原来它们都是良渚人的墓地，一个个大墓打开了，同样的玉器，甚至更加精致、数量更多。不仅仅是这些精致的手工艺品令人瞩目，随着上海青浦福泉山遗址发掘工作的展开，考古学家们发现，原来有些"山"是人工堆筑起来的，这比精美的玉器更加令人震惊。

以今天的建筑技术，要堆筑一座人工的山尚需时日，在几千年之前，良渚人又是花费了多少的人力物力才能堆筑起这样的"山"呢？由此可以推断，这时的良渚社会已经有了强大而集中的权力。同时这些墓葬中都出土了大量的精美玉器。我们有理由推测，这些山是一处良渚人的"王陵"。而这些作为墓地的"山"东西长 40 米，南北宽 30 米，高 4 米，略呈馒头形状，人们便称这是中国式的"土筑金字塔"。

（六）中华第一城

2007 年 11 月 29 日，浙江良渚爆出重大消息：一座距今 5300-4800 年、面积 290 万平方米的古城城墙，在原良渚遗址区内被发现。其年代不晚于良渚文化晚期，具体的建筑年代则有待进一步考古确定。这座良渚古城的发现，有着像商都殷墟一样"石破天惊"的考古意义。它不仅将良渚文化的文明时期从"文明曙光初露"推向"成熟的史前文明"；更像一把金钥匙，开启了人们对一个当时势力遍及半个中国的"良渚古国"的大胆猜想。

到目前为止，中国已发现了六十多座新石器时代的古城，面积一般为 10 到 20 万平方米。其中大型古城仅两个：约 120 万平方米的湖北天门石家河古城，约 280 万平方米的山西陶寺古城。良渚古城打破了这个纪录：东西长 1500-1700 米，南北长 1800-1900 米，总面积达 290 多万平方米，是目前所发现的中国新石器时代最大的城址。其面积折算下来比 400 个现代足球场还大，规模这样宏伟的古城，当年如何建造，如今又因何种机缘被发现？

根据介绍，让古城"初露端倪"的是考古人员在瓶窑葡萄畈遗址的发掘，而这一发掘完全是"无心插柳"之举。2006 年，为配合良渚遗址重点保护区域农民住宅外迁安置，当地政府打算在葡萄畈遗址高地西侧建农民房。因为良渚遗址的特殊重要性，在建房前，浙江省文物考古研究所先进场试掘，孰料先是发现了一条良渚时期的南北向河沟，这里铺垫的石块棱角分明，显然是人工开采搬运来的石头。从铺筑的方式看，散乱而表面不平整，不可能是某个建筑的地面，更像是地基。这一发现引起了考古人员的思考。后来向当地老乡打听时听说有人在家挖井时曾挖到过这样的石头。这说明这些石头的分布面可能是相当大的。当时认为有两种可能：一种是良渚文化时期人工修建的河堤遗迹，另一种是莫角山遗址的西城墙，因为这里正处于莫角山西侧约 200 米的平行位置。

以这一发现为基点，考古人员开始在莫角山四周延伸钻探，调查这种底部铺垫石头、石头基础以上用较纯净黄土堆筑为主要特征的遗迹的分布范围。

捷报频频传来。2007 年 4 月，莫角山遗址西侧确认有约 1000 米的南北向类似遗迹；9 月在莫角山北侧的河池头村发现东西向类似遗迹；10 月在莫角山东侧找到南北向类似遗迹；11 月莫角山南侧找到了东西向类似遗迹。至此，考古人员判断这是良渚文化时期围绕莫角山四周的古城墙。

从地图上看，良渚古城的格局十分清晰，略呈圆角长方形、正南北方向。更令人惊叹的是建城的位置充分利用了周围的自然环境，明显是经过精心勘察与规划的。古城的南面和北面都是天目山脉的支脉，南北与山的距离大致相等，东苕溪和良渚溪分别由城的南北两

良渚文化的玉器

165

侧向东流过，凤山和雉山两个自然小山，则分别被用来作为城墙西南角和东北角的制高点。据计算，古城墙在莫角山四周的田间绵延超过了 6 公里，但由于年代久远，许多地段已被破坏。保存较好的北城墙，高度约 4 米，靠外墙的石块明显比内墙的大，依稀可见当年非凡的气势。

考古学家认为，无论从时间、规模还是城墙的建筑方式以及城内已发现的高等级墓地与祭坛看，良渚古城都堪称"中华第一城"。

二、玉器世界

在人类最初的艺术发展史上，中国史前时代创造的玉器是光彩夺目的。新石器时代后期的良渚文化玉器是中国玉器史上最辉煌的典范，它和同时期红山文化、齐家文化、山东龙山文化出土的玉器一起，创造了一个玉器的时代。每当人们说到"良渚"，自然就会联想到良渚古玉。它以质地坚韧、年代古老、造型奇特、纹饰神秘而赢得了人们的青睐。

良渚玉器目前已知的种类有琮、璧、钺、璜、环、镯、蚷、梳背、带钩、镰、匕、勺、镇、纺轮、三叉形器、锥形器、柱形器、半圆形器、月牙形器、圆牌、牌饰、钺端饰、钺尾饰、耘田器、杖端饰、端饰、器座、器纽、柄形器、弹形饰、条形饰、半瓣形饰、管、珠、坠、串饰、人、蛙、鸟、鱼、龟、蝉、镶嵌片等四十余种。下面就其要者简单加以介绍：

（一）黄琮礼地

良渚义化的典型特征是在遗址中发现了种类繁多、数量庞大的玉器，在诸多具有神秘色彩的良渚玉器中，玉琮可谓最引人注意的种类之一了。

目前为止，征集和发掘得到的良渚文化玉琮已有百余件之多。这些玉琮大致可分为两类。

第一类，形如扁体手揭，圆体，薄壁，表面刻饰单圈或双圈目纹带獠牙的兽面文饰。这些兽面等距离排列，前后左右对称。最典型的一件是吴县张陵山出土的，此玉琮上怪兽双目圆睁，眉毛粗长，阔嘴獠牙，凶相毕露，给人以狰狞怪异之感。

第二类为外方内圆的方柱形。这类方柱形器物由于高矮宽窄不同，又可以分为宽短型和瘦高型。宽短型边宽体短，一般为一节或两节，刻饰四组或八组兽面纹，纹饰繁缛生动，如

寺墩出土的兽面玉琮，高 7.2 厘米，直径 6.7-6.8 厘米，呈方筒形，分上下两节。两节上纹饰风格截然不同，上节简单明了：双线圆圈为目，目两端各加一短横线代表眼角，凸起方块为嘴，一张兽面就勾勒成型了；下节纹饰则细腻繁密得多：重环阴线，扇形多重线、旋涡纹、凸起方块等相互套叠、勾连，形成一张怪异生动的兽面。这件玉琮造型优美，纹饰繁简有序，是目前所见的玉琮中最为精美的一个。

总的来说，玉琮多采用洁白的玉质，器表抛光，明如镜面。其剖面呈现出外方内圆的形状，立面四个转角有凸起棱面，分别刻出两层左右对称的浅浮雕兽面纹饰。此器雕琢精细，线条匀称，图案繁复，工艺精湛，可谓史前玉器的典型代表，表现出当时琢玉的高超技术。

对玉琮的具体功用和象征意义，目前说法不一，有学者就认为玉琮内圆外方的柱形体，正象征着我国古代"天圆地方"的思想，玉琮是将天地贯穿起来的一种法器，充当着与天对话的工具，使人神之间建立起特殊的关系，代表着神权。玉琮中空外实，方圆一体，并且有氏族图腾和四方神灵的形象附着其壁，典型地反映了原始先民天地浑一、万物有灵的思维特性。玉琮上的兽面纹饰则起到辟邪求福的作用，为人们驱邪除恶。

关于其起源，更是众说纷纭，有的认为源于土地经界和定居意识；有的认为是源于对日常用具的模仿和扩大，是织机上的部件；还有的认为是源于烟囱等等，但都没有令人十分信服的依据。大多数学者认为它是和某种神的崇拜有关的礼器。迄今发现的良渚玉琮最硕大者为余杭反山出土的"琮王"，其次是寺墩出土的玉琮，再次是瑶山出土的玉琮。这三件大玉琮分别出自良渚文化最重要的三处墓地，显示了墓主人特殊的身份和显赫的地位。

（二）苍璧礼天

玉璧是良渚玉器中单位面积最大的器种，由宽扁形玉环或玉镯沿着外径变大、孔径变小的趋势演变而来，至良渚中期形成成熟的器型。与琮追求高度、忽略细节的演变趋势不同，璧从早期到晚期的嬗变体现出追求圆大和精致并重的趋势，显示出璧在良渚文化中的地位有一逐步提升的过程。良渚玉璧的出土数量远比琮多，而且墓葬内出土的璧常有精致与粗糙之分。反山出土玉璧125件，是璧出土数量最大的一宗。

有许多学者根据《周礼·大宗伯》中的"苍璧礼天"和郑玄注"璧圆象天"等史料，主张良渚玉璧是仿照天之圆形而制作的，是先民"天圆地方"等天体信仰、意识的产物，当时被用作祭祀天地的礼器；也有人说玉璧是先民太阳神灵观或日环食现象的反映；甚至有人以为璧体所以称作"肉"，实指食品中的"肉片"，而"好"字是"孔"字的误写，玉璧实际代表"大片肉"，它是先民"鬼神食玉"宗教观念的体现。

联系古代文献记载及商周考古发现资料，基本可以确认，良渚玉璧应是先民献祭神明的一种礼器。而反山、福泉山和武进寺墩等大墓中随葬玉璧的现象。尤其是寺墩3号墓中所见的良渚文化玉殓葬实例，则证明玉璧又是一种用来验尸防腐的法器。此外，根据反山墓地有的墓中随葬玉璧达四五十件，且加工较粗糙，大多集中叠放在死者的腿脚部位；寺墩3号墓随葬着被有意打破成数块的玉璧这两个实例，并结合玉璧的外形又正好与西周出现的团体圆孔无廓的铜质圆钱相同等迹象来看，良渚玉璧还应是财富的象征，可能是一种原始的货币。

（三）玉钺威严

玉钺，指的是一种弧形、器身扁薄、外壳形状如"风"字的斧形器。少数上端（安柄部位）两侧稍下凹，形成双肩状。中部偏上之处大多两面对钻一圆孔，以便于用绳索或藤条捆绑固定在木柄之上。它由穿孔石斧发展而来，良渚时代十分盛行。良渚文化中的钺有石质和玉质两种，刃部大多不见使用痕迹，说明它虽有等级之分，但多数并不是实用器。

玉钺大多出自级别较高的良渚大墓中，一般是每座一件。至于石钺，则每墓随葬数目较多，余杭横山2号

墓中随葬的石钺竟然多达 132 件。凡出土有玉钺的墓，其随葬品往往较为丰富，看来墓葬主人应是氏族显贵。最能体现玉钺的尊贵与神圣的，当首推反山和瑶山大墓所出土的精美玉钺。反山 14 号墓中出土的玉钺，是由钺和木柄及柄上端的玉冠饰与下端的玉端饰构成，全长约 70 厘米，柄上还饰有朱彩和镶嵌有小玉粒。最为令人惊讶的是反山 2 号墓出土的号称"玉钺王"的国宝级玉钺，此银器两面的上刃角部位精雕细刻着神徽图像，下刃角则雕琢了良渚先民顶礼膜拜的神鸟。在"巫政合一"、"王权神授"的良渚时代，有如此精美绝伦的既刻神徽又刻神鸟的玉钺和号称"玉琮王"的玉琮等大量精美随葬品随葬的墓主人，肯定是一位集王权、军权和神权于一身的显赫人物，玉钺显然是神圣的权杖标志。

（四）璜礼北方

　　玉璜是一种弧形片状玉器。璜是我国古老的玉器形制之一，《说文解字》称："乍璧为璜。"实际上古代的玉璜并不仅限于完整的半璧（半圆）形。"璜"被作为礼器，《周礼·春官·大宗伯》载："以玄璜礼北方。""璜"的起源，有一种传说是古人观察长虹挂在天间两头饮水，以为是神，便摹其形而做。

　　据早期出土资料显示，早在距今 7000 年的新石器早期浙江余姚河姆渡文化中就有了玉璜。新石器中期长江流域良渚文化开始普遍制造和使用璜，这一时期玉璜被人们用作佩于胸前的装饰品，并往往是组玉佩饰中的佩件，其形制多不规则，变化非常大。资料表明，各个时代的玉璜除具有圆弧形的特征外，只有少数是规整的半璧形。

　　良渚的玉璜多为半璧，故有破璧为璜之说。良渚时期考古迹象显示，璜的组佩方式和佩挂形式都较以往有了明显的改变，跟管、珠等组佩件玉器共同穿系连缀成组玉佩的现象已相当普遍，而一座墓葬中多璜共出的现象跟后世多璜组玉佩间的关系也值得思考。从新石器时代到夏、商、周、春秋，玉璜表面的装饰由简单变得繁缛复杂。春秋玉璜多有密集的卧蚕纹，纹饰复杂，种类却很单一。至战国时期因为工具的改良，从春秋单一的纹饰中繁衍出蒲纹、谷纹、云纹等纹饰，也有了出廓的装饰手法，从单一的半圆形或桥形变成了双龙首、双凤首，变得异常美观、富丽堂皇，也由端庄肃穆的祭祀用品，转化为装饰用品，在纹饰装饰手法与鉴别手法上和玉璧的手法几乎一致。

良渚文化的玉璜，一般为制作规范的半璧形，在许多玉璜上也雕琢或镂刻有神徽图案，表明这一玉器从崧泽文化的主要装饰和显示身份功能，而统一纳入了以神人兽面崇拜主题为核心的玉礼器系统之中。后世的形式与功用经此而发扬。

（五）王者之冠

在良渚文化的玉器群中，有一种三叉形冠饰，目前经考古发掘出土的，浙江余杭反山遗址出土5件，瑶山遗址出土7件。均出自墓葬死者头部位置，每墓一件。由于仅在良渚文化分布中心地区的大型墓葬中有少量出土，因而越发显得稀有而珍贵，是良渚社会上层权贵们所专用的礼器之一。

三叉形玉器是良渚文化玉器中造型最为独特的器物，其基本形制为：下端圆弧，上端为对称的方柱体平头三叉，三叉顶齐平或中叉较短。宽5.9-6.0厘米、高3.4-5.2厘米。正面平整，主要依背面的差别还可细分作二式，一式为正、背面均平整，中叉有一竖直透孔贯通上下，有的还在透孔下口的两侧各钻一深圆窝；另一式，在背面三叉的上端和圆弧边的下端部位，共有4个方形凸块，凸块上皆钻上下贯通的圆孔。有些是素面无纹，多数是在正面以线刻或浮雕琢出神人、兽面图案或辅以神鸟。出土时中叉的上方紧连一根长玉管，往往还有成组的3-13件玉锥形器同三叉形冠饰相邻或叠压。一般认为，三叉形冠饰、

长玉管和集束状的锥形器，当配套组装成整件使用。这种冠式又隐含了什么样的内涵呢？

据学者研究，良渚文化的三叉形冠饰及其附件与"皇"义相对照，可说是中国最初的皇冠。三叉形冠饰及有关附饰，加上别的有机质部件，便是构成这种史前皇冠内层的主要支架。良渚文化一些玉器上"神人"所戴高耸宽大的所谓羽冠。可能同皇冠的外形近似，或者就是图案化了的皇冠简笔形式。国外也有类似的冠冕存在。如果把羽冠之名作为一种通称、俗称，那么，皇冠之名才是我国古代原有的最早的称谓。

结合考古发现，在反山、瑶山高土台的权贵墓地戴皇冠的墓主，据推测可能属于大小首领一类的统治者。古代阶级社会初期，政治首长、军事统领和群巫之长往往可由一人兼任。良渚中期以后的首领，大体也是集行政领导、军事指挥和主持宗教活动之权于一身。简言之，良渚文化中期偏早阶段出现的玉三叉形冠饰及其有关配件附饰，当系各级统治者顶戴的皇冠，它或许已成为统治集团专用的礼仪性冠饰了。

（六）奇形别具

良渚玉器中，还有许多形状各异、功能奇特的玉器：

冠状饰：反山发掘时因其造型跟"神徽"像中神人的羽冠较为相似，命名为"冠状饰"。但1999年周家浜三十号墓中镶嵌"冠状饰"的象牙梳的出土，表明这类器物实为镶嵌于有机质材料制成的梳子脊背上的玉梳背，因而更名为玉梳背。玉梳背的形制经历了顶端由平直到中央有圆弧形凹凸，再到中央有弓字形凹凸、两侧边与榫部整体呈节节内收之势的演变过程。不过琢刻纹饰的玉梳背较为少见。

锥形器：是良渚玉器中较为特殊的一类，见于大中小各等级墓葬，跟管、珠一样是良渚玉器中最普及和最平民化的器类。但玉锥形器的使用仍有很明显的等级烙印，如琢纹或集束状的锥形器都只见于等级身份较高的显贵者墓葬。锥形器分横截面圆形与方形两种形制，其中方形锥形器最初由于琢纹的需要从圆形变异而来，良渚早中期的方形锥形器都琢刻有纹饰。晚期方形锥形器大为流行，数量不逊于圆形器，晚期末段最常见底榫部没有钻眼的锥形器。琢纹锥形器晚期的形制和纹饰不及早中期规范。

串饰：除了由璜跟管、珠等共同穿系连缀的佩饰外，良渚时期更多见由数量不等的珠、管直接组串形成的串饰和由管、珠、坠等组佩件玉器组串而成的串饰，这些串饰主要作为人体某一部位的装饰性佩挂饰。从出土位置看，复合璜的串饰主要佩挂在颈部作为胸饰；复合玉坠的串饰有佩挂于颈部作胸饰的，也见佩戴在腕部作手饰的；而单纯由珠、管组串而成的串饰既见胸饰又见手饰，还见缠戴在腿部的链饰。

圆牌：是组佩件玉器中较特殊的一类，器型常呈环或玦状。玦到良渚时期形制与功能都有所分化，除作耳饰使用的单体件玦外，还有一类在与玦口相对一侧钻琢小孔的玦状牌饰，常跟环状圆牌等组串成佩挂饰。瑶山一号墓与反山二十二号墓玉圆牌出土时都呈近垂直的一线，出土部位在腹部，说明这种由多件玉圆牌组成的组玉佩的复合与佩挂方式并不局限于圆圈的形式。

穿缀件玉器：专指以穿绳引线缝纫、连缀为主要方法来跟其他器件复合成器的玉器件，它最基本的形体特征是平直或凹弧的粗糙底面上有牛鼻形隧孔。在穿缀件玉器中，半圆形器、月牙形饰、半瓣形饰、半球形或球形珠等多成组出土，而牌饰、鸟、龟、蝉等多单件出土。

镶嵌件玉器：专指那些跟其他对象在平面上采用镶嵌形式完成复合的、以片状为形体特征的玉粒与玉片。与穿缀件玉器复合的对象主要是皮革帛绳类的软性有机质物件不同，镶嵌件玉器复合的对象主要是木、骨、牙等硬性有机质物件。良渚时期，后世玉器镶嵌工艺中流行的玉漆镶嵌、玉与象牙或骨器的镶嵌、玉石互嵌等技术都已出现，镶嵌技法主要有平面粘贴和凹窝粘嵌两种。

限于篇幅，对玦、镯、勺、匕等其他单体件玉器就不再详细介绍了，其中瑶山十一号墓绞丝纹镯、瑶山十二号墓刻纹勺和玉匕都是同类玉器中仅见的佼佼者。

三、玉器文明

（一）鬼斧神工

软玉比普通石料坚硬得多，加工相当困难。先民将加工石器的丰富经验运用于玉石，发展为一整套加工方法。良渚时期治玉的工艺，大致有切割、打样、钻孔、琢纹、研磨、抛光等工序，已经具备了后世玉器加工的所有技法。

玉器加工，首先要将大块玉料切割成毛坯。仰韶文化早期的玉器上就有条锯切割的痕迹，方法是用单股或数股植物纤维或动物的皮筋带动解玉砂，分别从坯体两侧向中间切割，快接近时再敲落玉料。切割的沟槽较宽，有 5 毫米左右。良渚时期，大件礼器日益增多，大面积切割的难度随之增加。从大型玉璧表面的切痕可知，良渚人已能熟练解剖大件玉料。有些器表残留有弧形的线割痕迹或者直线的锯割痕迹。良渚人究竟是用怎样的工具、用什么方法加工出数量庞大、制作精美的玉器的？考古学者们大多都认为，良渚人采用的是"以片状硬性物件的直线运动为特征的锯切割，和筋、弦等柔性物体作弧形运动为特征的线切割"的方法。有学者根据某些玉器表面的弧形的切割痕，判定良渚人已经采用金属钝具切割玉料。但是良渚文化遗址至今没有发现金属。还有学者认为，良渚人的钝具可能是用硬度较高的石料做的。仿真实验表明，这是不可能的。因为硬度高的材料必然脆性大，为了防止钝具脆裂，必须增加其厚度，而玉器上弧形切割的沟槽宽仅 1-2 毫米。

许多良渚玉器都经过钻孔，这既是为了实用，也是为了美观。由出土实物可知，钻子有管钻和实心钻、琢钻等几种。较大的孔一般从两面对钻，然后敲

中国古代遗址

去芯部。上海博物馆收藏的一件多节玉琮、高约 32.9 厘米，中间的长孔从两端对钻而基本同心，技巧惊人。玉器的硬度达摩氏 6 度，良渚人究竟使用了怎样的钻孔工具，至今无法解释。

（二）精雕细琢

良渚文化的琮、璜、锚、冠状器、牌饰等玉器的表面，大多有用阴线或阳线刻画的图案。阴线是指用单线条勾勒纹样，线条凹入器表；阳线是用双钩的方法使纹样的线条凸现。良渚玉器纹样的线条或坚挺刚劲，或圆滑流畅，可见良渚人使用的是一种游刃有余的雕刻工具。可是，在新石器时代，他们又能有什么样的利器呢？这是中外学术界长期争论的热点。1980 年初，江苏丹徒磨盘墩遗址和新沂花厅遗址先后出土过一些石英质料的小工具，器端尖锐，硬度超过摩氏 7 度。有学者认为，这类高硬度燧石工具，应当就是良渚人的琢纹工具。但是，有人用玛瑙料作工具在软玉上试刻，硬度虽可，但效果很差。因为玛瑙料的尖锋太长就容易崩断，过钝又无法刻画。日本学者认为，良渚人的工具有可能是硬度极高的天然钻石。但是，良渚玉器上的刻划线条比较纤细，显然不是用天然钻石刻画的，而且良渚遗址中至今没有出土过钻石，故此说也不能成立。

良渚的一座大墓中曾发现过一枚宽约 1.4 厘米的鳖鱼牙齿，呈等腰三角形，边缘带有细齿。瑶山七号墓曾出土四枚鳖鱼牙齿，上海福泉山等遗址也有相同的发现。鳖鱼牙的珐琅质硬度超过软玉。有学者用鳖鱼小齿在软玉上刻画，划痕纤细清晰，证明有足够的刻玉硬度，推测就是良渚人的工具。但也有完全相反的实验结论。因此，鳖鱼齿是否就是良渚人的琢纹工具，学界有很大争议。

良渚玉琮上的兽面纹，是用浅浮雕的技法雕琢的。所谓浅浮雕，就是用减地法磨去纹样周围的底

良渚文化的玉器

175

子，使纹样浮凸于器表。凡是浮雕程度比较高，纹样呈半立体状的，称为半圆雕。半圆雕作品富于质感，有很强的表现力。凡是立体雕琢成形的作品称为圆雕，良渚文化的双面玉人以及许多动物雕塑都是圆雕作品。

良渚出土的玉牌饰，多采用透雕的技法。透雕又叫镂空，是一种将琢子与线锯切割结合的复合式技法，有相当的难度。反山出土的两件玉冠状饰，运用了透雕和阴线细刻相结合的手法，玲珑剔透，器身布图繁绣，线条婉曲多变，但疏密得当，反映出很高的审美意识，是玉器中的珍品。透雕作品在良渚屡见不鲜，可见其时已经普遍掌握高难的玉雕技术。

良渚玉器中还出现了类似微雕的技法。镇江地区出土的一件良渚文化玉器上，兽面眼睛的直径与圆珠笔的笔芯相当，用放大镜观察，竟然是用16根切线组成的。反山的一件玉琮上，神人兽面纹饰构图繁密、细腻，线条之间密不容针，竟能在1毫米的宽度内，刻入四五根细线。汇观山的一件琮式锅，在宽仅3.5毫米的弦纹凸棱上，刻有14条凹弦纹，用高倍放大镜才能分清线条之间的界限，真是匪夷所思。反山出土玉器上琢刻的神人与兽面复合的"神徽"，高约3厘米，宽约4厘米，方寸之地，纹饰繁复，线条纤若游丝。在不知放大镜为何物的良渚时代，先民们究竟使用了什么样的"秘密武器"尚不得而知。

研磨是玉器加工的重要环节，方法是用解玉砂磨削器表，使之平滑光洁。武进寺墩良渚文化墓葬出土的一件玉璧，表面有硬度很高的石英、黑云母砂粒，可能就是研磨时的残留物。良渚晚期玉璧直径多在20厘米以上，但厚薄均匀，器表光洁，可见研磨水平之高超。反山的一件玉环上有同心圆旋纹，纹线浅细，有学者认为，这可能是借用了制陶工艺中的转轮装置加工的结果，方法是将玉器固定在转轮上快速转动，再在器表加上解玉砂进行研磨。

良渚玉器大多经过"抛光"处理，也就是为玉器上光，所以光洁度很高，埋藏数千年，依然润泽光亮。有学者根据云南腾冲县的民族学材料，认为原始

中国古代遗址

的抛光方法是，将粗竹剖为两半，一半覆盖于地，将玉器在竹皮上反复摩擦，直至出现光泽。

（三）纹饰风采

纹样刻画细致繁密是良渚玉器的一个重要特征。但是从现有资料来看，纹样的种类比较单纯，大致可分为主题纹样和装饰纹样两类。主题纹样有神人兽面纹和鸟纹两种，而以神人兽面纹最为多见和重要。装饰纹样有卷云纹、地纹，以及与直线、弦纹、斜线等组合而成的饰带。

神人兽面纹，是良渚文化玉器中最常见和最重要的纹样，不仅是识别良渚文化玉琮的标志，而且在许多玉器如锥形器、三叉形器、冠形器和玉锚之上都有大量发现。样式有繁密的形象神人兽面纹和简练的象征神人兽面纹两种。兽面纹构成了良渚文化玉琮的核心因素。

瘦高形玉琮一般是按照等距离减地成槽划分为节，现存的最大的一件，高40厘米，节数多到十五个。这种琮以节为单位，每节均依边棱为中心线刻四组兽面纹。这种兽面纹多简单明了，一般都是象征性的，其目纹几乎都是单线圆圈。由于节数不同，琮体兽面纹也不同，最多一件琮身上的兽面纹达到六十组。

余杭反山良渚文化墓地第 12 号墓出土的一件宽短型玉琮，具有"琮王"之称。该"琮王"高 8.8 厘米，直径 17.1–17.6 厘米。琮表面以转角处为中心线，运用线刻和浅浮雕手法勾勒出八组兽面纹，每两组兽面之间的空白处，又琢出八组神人兽面图案。这种神人兽面图案组合得非常奇特：弓形大冠下是一张上大下小、呈倒梯形的人脸，重环目，蒜头鼻，鼻翼外展，几乎与嘴同宽。宽大的嘴中，两排牙齿整齐相对，显得有些吓人。冠与人面交接处云雷纹环面而绕，冠内线纹条条张扬，更增加了人的凶相。人双臂内屈，双手抵在其身下怪兽的巨大眼眶上，双足并垂在兽的下颌部，整体呈骑在兽身上的样子。怪兽突出夸张的脸

良渚文化的玉器

上，双目圆睁，龇牙咧嘴，一副恫吓人的怪异神态。

在一些神秘图案中，伏兽者的头部和兽的面部用浅浮雕处理，突出于器表，人的双臂和兽的下颌则用阴线细刻处理，凹入器表。层次相当分明。人脸呈倒梯形，用重圆表示眼，宽鼻，阔口，露齿，表情威严。羽冠由二十二组呈放射状的羽毛组成。伏兽者的双手内屈，作按压兽头状。兽面有巨目，两眼之间用微凸的短桥连接，宽鼻，阔口，獠牙外撇。兽肢作蹲踞状，有鸟足形利爪。人臂、兽肢密布卷云纹。

总括起来，良渚文化玉琮上的兽面纹大体有三种形象：即浮雕的羽冠、兽面与明线细刻、四肢俱全的人神形象结合的整体图案；眼鼻口俱全的极尽雕饰的面部图案和仅以小圆圈表示眼睛，以凸起的小横条表示嘴或鼻子的简化的象征图案。考古学者把这些图案称为兽面纹或饕餮纹。

（四）奇思妙想

从良渚文化玉器看，匠师有着很强的构图能力，兽面纹玉琮堪称典范。琮的样式为外方内圆，构成方圆相切的风格。兽面纹玉琮有四组兽面图案，通常会将兽面分别安排在方形玉琮的四个正面上。良渚匠师不落俗套，大胆地将作为兽面中心的兽鼻安排在四角的棱边上，突出角隅的形式感。兽面向棱边两侧对称雕刻，用重圆表示眼睛，两眼之间用桥形浅浮雕连接，吻部设计为长方形突起，从而使画面新奇活泼，毫无呆板沉滞之气。

尤其令人惊叹的是，匠师还将本应突起的兽鼻设计成弧形的凹陷，不仅使兽的表情更为生动，而且在受光时还会显现出独特的效果，可谓大手笔之作。对于条形的玉料，匠师往往设计成多节琮，如寺墩出土的一件玉琮，高约 33 厘米，分为15节，中间的竖槽贯通上下，造成宏通的气势。在横带的区隔下，兽面的主图与副图交替出现，给人以鲜明的韵律感。这一超水平的构图法给中国古代艺术以深远影响，殷代青铜器上的接替纹就是按照它的模式设计的。良渚玉器的设计充满求新求变的气息，即使是同一器种，也务必避免雷同，少有抄袭之作。

即使与今天的制玉工艺相比，良渚文化的玉器也处处闪耀着骄人的光辉。在4000多年前，如此精美绝伦的杰作是如何制作的呢？现代人无法想象，也无法回答。以至有人断言，这一定是外星人留在太湖地区的作品。

（五）神秘之徽

在良渚发掘出来的玉器中，不论是良渚玉琮、玉璧还是玉璜，面上都雕有一个画面简略、抽象、不知所以然的兽面纹。起初人们对这个图案并没有在意，但它反复出现在不同地点出土的不同玉器表面，引起了考古专家的关注。所谓兽面纹实际上是一位头带羽冠者骑伏猛兽的图像。由于这一图像内涵深奥、神秘，一般刻画在重要器物上，而且这类器物都出土于大墓中，所以学者将其称为"神徽"。解读"神徽"，对于研究良渚的社会性质和精神世界都有重要价值，所以备受海内外学者重视。

有些海外学者认为，中国古代文明是萨满式文明，世界被划分成天地人神诸多层次，宗教人物的任务就是沟通不同的层次。玉琮外方内圆，代表天圆地方，从中贯通，象征天地间的贯穿，中间所穿的棍子，便是天地柱。神徽所表现的，正是巫师与其动物助理的形象，故可称为"人兽符号"或"巫符号"。龙山文化时期用玉琮作法器，正是政权开始集中的重要阶段，良渚大墓拥有大量玉琮便是明证。玉琮是巫师沟通天地的法器，兽面似虎形，在中国巫术中白虎是巫师沟通天地的助手。

国内有学者认为，玉琮是用于祭祀的礼器，墓

良渚文化的玉器

主是掌握祭祀天地大权的军事首领。猛兽实际上就是老虎，说明良渚人信仰老虎。据葛洪《抱朴子》记载，"骑虎"可以"周游天下，不拘山河"。因此，神徽的含义，应该是巫师骑上张口嘘气、举腿伸爪的老虎，作法迅驰，上天周游，与神仙往来，以通达天机。神像通体遍饰的不同表现方式的卷云纹等刻纹，表示云朵和云层，有升天通神的含义。

日本学者则认为，玉琮是宗庙祭招时祖先的灵魂降临时的凭依之物，也就是中国古代宗庙祭祀用的"主"。玉琮中间的圆孔是灵魂驻留的小屋。祖灵之降，可上可下，所以中间上下贯通。玉琮上带蛋形眼的脸是太阳神的原形，能保护死者的灵魂，加福生人。

有些学者认为，良渚文化玉璧、玉琮的孔径多在 4-8 厘米之间，推测巫师作法时，将玉璧平放在玉琮上，然后用木棍贯穿圆壁和方琮的中孔，组合成一套通天地的法器。也有人把"神徽"称为"神祖动物面复合像"，认为在古人的观念中，神祇、祖先、动物三者为一体，而且可以转化。其中的动物是巫师的助手，既是神的使者，也是氏族生命的来源。

还有学者指出，"神徽"的图案不仅玉琮上有，在象征权力的玉钺上，以及贵族使用的锥形器、项饰的玉璜、穿缀用的玉牌饰等器物上都有这种纹饰，而且造型一致，表明它并非只是巫师沟通天地的白虎，有可能是只有首领权贵才能掌握与代表的族徽。

良渚"神徽"的确切含义是什么？目前还没有一致的结论，还需要继续作深入的研究。

（六）通天之途

良渚玉器主要出土于显贵者的墓穴，其中琢纹玉器更仅见于其中。死后将大量与神灵崇拜有密切关系的玉器带入墓内，突显出显贵者与所崇拜的神灵间实际上存在着密切关系。瑶山、汇观山祭坛与显贵者墓地合二为一的事实则反映出祭鬼（祖）也已成为良渚祭坛上不可或缺的重要内容。因此，良渚时期巫、神、鬼（祖）三者之间事实上存在着三位一体、互为感应的互补关系，而联系三者的纽带就是人神共享的祭品——玉礼器。

所以，我们可以相信，在巫术活动较为盛行的史前社会，"以玉事神"应当是良渚宗教活动中必不可少的重要内容。玉琮作为跟神人兽面纹饰关系最紧密的器类，其内圆外方的造型反映着"天圆地方"的原始宇宙观，是天地贯通的象征，也是贯通天地的一项手段或法器；玉璧苍碧的质料、浑圆的造型及其与原始"盖天说"间的联系，也表明后世"苍璧礼天"的记载绝不是向壁虚构；玉钺一向被视为军权与王权的象征，但反山十二号墓玉钺器身两面都雕琢着凌驾于飞鸟之上的神人兽面图像，从而成为"国之大事，在祀与戎"和"权力神授"的最有力佐证。因此以琮、璧、钺为代表的良渚玉器不仅是神灵崇拜的主要载体，而且极可能还是巫觋通天礼神的法器或媒介，是"人神合一，天人感应"东方理念的外在表现。

四、良渚文明

（一）庞大的聚落

从 1959 年 12 月"良渚文化"在考古学界确立之后，考古工作者受到了很大的鼓舞，迸发出极大的考古热情，于是各种遗迹、遗物不断重见天日，资料日益丰富，大大地扩展了人们的视野，研究工作也日益深入，硕果累累。

自 20 世纪 80 年代以来，浙江省文物考古研究所对良渚周围地区进行了详细的普查性野外调查，先后试掘和发掘了吴家埠、荀山东坡、反山、瑶山、庙前、罗村、钵衣山、茅底里、汇观山、葛家村、梅园里、金鸡山等遗址，直至近年确认莫角山遗址这个在良渚周围地区中营建规模最大、规格最高的超巨型基址。由此进一步确知，良渚周围地区存在着一系列良渚文化遗址，我们将其称作良渚遗址群。良渚遗址群地理位置处于浙西山地与浙江东部平原的交接地带。浙西北的西天目山余脉向东伸展至余杭彭公分成南北两支，犹如伸开的双臂扼住了余杭市的良渚、瓶窑、安溪三镇，良渚遗址群则分布在两支余脉之间东西长约 8 公里、南北宽约 4 公里的狭长水网平原地区。吴家埠遗址向东沿安溪天目山余脉至羊尾巴山为其北界，其间各类良渚文化遗址墓地达 50 余处。经测绘部门精心测算，良渚遗址群保护面积近 34 平方公里。

上面所说仅仅是在良渚镇周围发现的遗址群。而作为考古学意义上的新石器时代的良渚文化，其内涵和分布就广阔得多了。现已查明：新石器时代晚期的良渚文化，其遗址主要分布在浙江北部的杭嘉湖平原、浙东的宁绍平原至舟山群岛，以及江苏南部的常州、无锡至苏州和上海地区一带，大致是以太湖流域为中心。而其文化影响北抵山东、河南，东达朝鲜半岛和日本，西至两湖，南及闽、粤、台。

(二)玉器时代

如果把中国新石器时代和三代文化发展画成一条直线，那么，这条直线则可分成石、玉、铜、铁四个阶段，并与袁康《越绝书》所记风胡子的古史分期法暗合。风胡子所分"以石为兵""以五为兵"、"以铜为兵"和"以铁为兵"之时，大致相当于传统历史中的三皇、五帝、三代和东周四个阶段，比较扼要地将中国古代文明演进的经过与变质变化——王权政治的发展描述出来了。而其中，"以玉为兵"历史阶段的划分，颇有历史现实意义，并为新发现的以玉琮为代表的玉制礼器所证实。西方考古学将历史分成石器时代、青铜时代和铁器时代，其中，石器时代代表原始社会末期阶段，而青铜时代代表王权政治确立、产生国家、城市、文明阶段。但如果用这个历史一般分期法去衡量中国历史，其间缺少一个中间环节，即阶级产生、巫术与王权开始结合的"玉器时代"。这样看来，风胡子的分期法更合乎本土的实际状况。因为，所谓的"玉器时代"在中国社会历史上正好代表了从石器时代到青铜时代的渐变过程，或者说是从野蛮到文明时代的渐变过程。这种过程与西方不同，是中国社会历史的自身特点，而以良渚玉琮为代表的玉制礼器就是最有说服力的实物证据。

经过长期的寻找，目前已发现良渚文化遗址 200 多处。良渚文化遗址中，玉器是最重要的文化内涵，几乎达到无墓不出玉的程度，这在史前考古中是绝无仅有的。出土的玉器中，礼器、兵器、佩饰、工具、弄玉、葬玉等应有尽有。器型则有璧、琮、璜、锚、锡、管、珠、坠、冠状饰、牌饰等几十种，以及各种动物形玉器。余杭吴家埠遗址的良渚文化早期墓中，发现了珠、管、璧、联等构成的佩饰。常州寺墩遗址 3 号墓，用33 件兽面纹玉琮围绕墓主。

瑶山墓地位于一座小山上，面积约 400 平方米，也是由人工堆筑而成，长方形祭台之南

有 12 座墓，分作南北两排，仅五管、玉珠串饰就出土 46 组。玉珠有鼓形、球形等等的不同，最多的一组多达 201 件。此外还有形态各异的各种坠饰，背后多有穿孔，或做成鸟、鱼、龟、蝉等动物形状，据推测可能是挂在衣帽上的饰物，或者就是弄玉。南排居中的 12 号墓规格最高，出土玉器近 400 件。

反山墓地中，12 号墓的规格最高，其中出土的一件玉铖，刃部两面的上方都有一浅浮雕"神徽"，与 15、16 号墓的玉冠状饰类同；下方则有一浅浮雕鸟形图案，以抽象的笔法，寥寥数笔勾勒一鸟，神态逼真，可见善于捕捉神韵的匠心。

汇观山基地也是在山丘上堆筑而成，面积近 1600 平方米，中部有长方形砂石祭台，4 号墓长 4.75 米，宽 2.6 米，棺椁齐全，为目前所见最大的良渚文化墓葬，随葬品多达 250 余件，仅钺就有 48 件。

良渚文化展示了史前时期灿烂的玉文化，令人惊叹。著名美籍华裔学者张光直教授认为，应该在中国新石器时代和青铜时代之间插入一个"玉琮时代"，以附和《越绝书》中风胡子的"玉兵时代"之说，认为这一时代是巫政结合的时代。

（三）中华玉文化

我国是世界上最早用玉的国家，中国人自古好玉、重玉，也是举世公认的。玉制品在中国古人的心目中，具有德瑞等人格化的神圣含义。特别是经过周秦时代儒家的系统化、理论化，将晶璧湿润、坚韧耐久的玉器比附为"仁、义、智、勇、信"的"五德"，成为中华传统文化的重要内涵之一。古之君子比玉于德，故玉不离身，以"玉"喻人，足见对玉之重视。只要从语义学方面稍加探讨，便知国人于玉的"崇敬"态度了。中文里凡与玉有关的字、词，或包含美、洁、贞的内容，如玉手、玉臂、玉肌、玉步、玉碎、琼楼玉宇、冰清玉洁、亭亭玉立，云云，或有吉祥、高贵义，如玉瑞、玉台等等。又如仙人喝的饮品有"玉浆"之称，仙人的居处称"玉楼"、"玉皇""玉帝"则是指最高的天帝。月亮也因人间造化而有"玉轮"之誉。这一类的例子不胜枚举。把玉器用于礼仪与丧葬，也是华夏民族的习俗。战国出现的缀玉面幕相缀玉衣服，汉代出现的玉衣都是玉殓葬习俗的进一步发展。寻根溯源，它们都与良渚文化中用玉器殓尸殉葬有极深的渊源。

良渚玉器在成就神圣的同时，也组成了良渚社会世俗物质生活中最精致的部分。良渚玉器中的不少器类具有人体装饰或日用器具的功能，如镯、环是人的腕饰或臂饰，由璜与管、珠组串而成的串饰多是胸饰或颈饰，玉梳背是修饰发梳的镶嵌物，玉勺和玉匙是进食的器具。玉器娱乐着神灵，也滋润着显贵者的生活。良渚平民墓葬中拥有玉器的比例很高，尽管只是锥形器、坠、管、珠等小件玉器，但这种全社会对于玉器的普遍崇尚和爱好，无疑是显贵者不断追求精致的动力所在。

良渚先民生前广泛用玉，在去了另一个世界后，生活中的玉器也一起和他们进入了地下王国。这就是在众多遗址中发现玉的原因。学术界也把这种习俗称为玉殓葬。后来，用玉殓葬就成了古代厚葬制度的一个重要组成部分。郑玄注《周礼》中说："圭在左，璋在首，琥在右，璜在足，璧在背，琮在腹，盖取象方明神之也。"这个说起来都比较复杂，要把各种不同的玉器放在相应的位置。因为人埋葬的时候是躺着的，不可能说把人竖着埋下去。躺着就有前后左右上下的方位了，这种玉器的摆法也是按天地四方的祭祀方位所设定的。

中国人用玉殓葬形成了一种文化，原因是什么呢？第一，古人认为玉是致密温润的器物，有特殊的防腐功能，能保证肉体不腐，还可以防止灵魂出壳，所以用玉塞把人体上的窟窿都塞上。过去有记载，古人把玉磨成粉吃，认为这样可以长生不老。第二，玉可以炫耀财富，

良渚文化的玉器

尤其是玉璧，有的墓葬出土很多同样玉璧，一看就是在炫耀财富。

（四）百业新兴

良渚文化的居民是以农业生产为主，它是在崧泽文化的基础上发现起来的。主要农具有石制的犁、锄、铲、锤、镰、斧、刀等，以及用木或骨（角）制成的耒和鹤嘴锄等等，不仅品种多样，而且基本配套使用于各个生产环节。各遗址普遍有石犁发现，这就说明了当时已进入到犁耕阶段。当时的犁耕稻作农业已有了长足的发展，并已出现了因地制宜、面积大小不一的水稻田。

农业的发展，也促进了饲养业的形成和发展。就目前所知，良渚先民已饲养了猪、狗、水牛、鸡和鸭等。尤其是属于杂食动物的家猪，生长快，繁殖力强，活动范围又小，粪便还可以充当肥料，因而饲养较为普遍。家猪不但是人们的肉食来源，而且对于一时出现的粮荒，起着一定的救济作用。家禽家畜的饲养，已成为农业生产的重要组成部分，同时也是家庭财富的一大标志。

良渚文化的制陶业昌盛发达。当时陶器的制作已采用了快轮制陶技术，器壁薄而规整，烧烤的温度也较高。早期的陶器胎质以泥质灰陶为主，中晚期则以"黑皮磨光陶"最为盛行。所谓黑皮磨光陶，指的是在器表披上一层黑色陶衣，再经过打磨使之光亮，风格很独特，故考古学界素有"良渚黑陶"之称。早在20世纪三四十年代，有人曾不顾史实地认定良渚黑陶是从伊朗西北部传进来的，进而鼓吹"中国文化西来说"，现在这种观点已不攻自破。中国国内学者则在"黄河流域是中国文明摇篮说"的影响下，主张良渚黑陶是由山东龙山文化黑陶发展而来的。今日众多的考古发掘资料和碳十四年代测定的结果，不仅说明良渚黑陶要比龙山黑陶年代早，而且反过来证明了龙山文化曾受到了良渚文化的浸润和影响。

良渚文化除制陶业以外，还有很多其他的手工业。

编织业：在水田坂遗址发现了一件竹编的像篮子形的残圈。而在钱山漾遗址发现的竹编织物多是用刮光的篾条编制，与现今余杭一带的刚竹相似。编织物有篓、篮、簸箕、席子和捕鱼用的"倒梢"等等。它们的编织方法有一经一纬、二经二纬和多经多纬的人字形、菱形花格，密纬疏经的十字形和相当复杂的"梅花眼"和"辫子口"等。

漆器业：漆器在良渚文化时期，有了很大的发展。在反山、瑶山等墓地内，都发现有漆器，如瑶山发现的一件朱漆嵌玉的高柄杯，器形口稍敞，杯身略呈圆筒形，有喇叭形圈足。

镶嵌业：在反山、瑶山两墓地内都还发现有大量的镶嵌玉粒，可惜原物已腐朽，不可辨认。

良渚文化时期，玉器、编织、丝绸、象牙器、漆器、镶嵌等手工业非常发达，这对中国传统手工业的形成和发展，做出了应有的贡献，也促进了自身文明的产生。

（五）文明曙光

中国是世界文明古国之一，理所当然有她自己的文明发祥地。然而关于"文明"的定义，以及中国文明起源是一元还是多元等问题，至今仍存在着很大的分歧。摩尔根在他的《古代社会》一书中，将人类社会划分为蒙昧、野蛮和文明三个时代，并把文字的发明和使用作为文明时代开始的标志。英国的考古学家柴尔德则主张文明的标志是城市的出现，这其中包括有城市的规模、中心宗教建筑、文字与记数系统，以及税收、历法等等。而美国人类学家克拉克认为只要具备有高墙围绕的城市、文字和复杂的礼仪中心三项标准中的两项，就是一个古代文明。中国学术界大多是以恩格斯的主张，即"国家是文明社会的概括"为理论依据，认定国家的出现，也就是文明的诞生。

一般说来，国家的出现，代表着社会生产力高度发展，原始氏族制解体，出现了贫富分化和

森严的等级制度。良渚已出现了贫富分化和森严的等级制度。部族显贵已拥有人工堆筑的大型专用墓地，他们死后集中于高处、略呈馒头形的人工堆筑的专用墓地中，这便是人称中国式的"土筑金字塔"。墓中多有棺椁，其随葬品种类之丰富、品位之高、工艺之精，均属罕见。江苏昆山的一座陵，山高 8 米多，是用泥土人工堆筑而成的巨型土墩，中心部位又有东西长 60 米、南北宽 50 米、高 4 米的土筑高台。在此土台南部和西北部外围发现有一些以青少年双腿呈捆绑状或身首异处殉葬，还有的仅见人头或骨架。而在土台之上及周围则埋葬着良渚大墓，出土死者既有葬具，又有众多精美的随葬品。位于土台中央并且有彩绘葬具的 77 号大墓，有以陶、石、玉、象牙和玛瑙为原料制作的 160 件精美随葬品，墓主人显然是一位地位显赫的人物。死者地位悬殊的现象，正是当时阶级分化、氏族解体、强权政治建立的写照。

文字的产生，是人类历史上的重大事件。文字可以记录语言，表达人们的思想，互相沟通传递信息，扩大和延长语言在时间和空间上的交际功用，是社会高度发展的产物。它的出现，是人类进入文明社会的重要标志之一。近几年来在余杭的南湖、安溪、瓶窑和上海马桥、金山与江苏吴县澄湖等地出土的陶器和玉器上，都发现有陶文或刻画符号。

再从江浙各地发现的众多祭坛和大量的玉礼器方面看，可知当时宗教活动十分盛行。特别是玉琮上所刻的神徽及其简化形象和各种形式的玉器造型，各地也都完全相同。假如没有集政权、军权和神权于一身的显赫人物利用宗教进行统治的话，神徽图像和玉器造型也就很难如此规范一致。那种刻有神徽的精美绝伦的玉礼器，绝非出自野蛮人之手，而必定是由专职匠人为少数统治者制作的。

反山、瑶山、汇观山和横山等地大量石钺及玉钺的出土，则证明了随从亲兵制的存在。当时的随从亲兵已根本不同于氏族社会集体自卫性的武装、而成为凌驾于部落之上的特殊的武装力量。

另外，根据各地发现的墓葬规模、葬具和随葬品的精美程度与数量看，良

中
国
古
代
遗
址

渚墓葬基本可划分成大、中、小和乱葬墓四大等级。而这四个等级的墓葬数量由少到多的悬殊比例，说明当时已存在着金字塔式的等级社会结构。贫富的分化、阶级的产生，最终必然导致国家的诞生。

在余杭良渚、瓶窑两地共 33.8 平方公里的范围内，目前已发现良渚文化遗址六十多处。不仅分布密集，成群连片，而且各种大墓、祭坛、居址、精美玉器和手工业作坊也大多见于此地。而遗址群的中心就在瓶窑的大观山果园。大观山果园平面略呈东西向的长方形，东西长 670 米，南北宽 450 米，海拔为 12.5 米，是一处利用自然山冈再经人工修筑营建的良渚时代的巨型大土墩，其四周又环布着众多的良渚遗址群落，隐现城乡雏形。

综合上面的现象来全面分析，我们可以宣告：中华文明的曙光已经划破茫茫的长空，长江下游南岸的一个最初形态的国家政权——良渚古国，已横空出世。

良渚文化的玉器

五、历史谜思

(一) 神秘的良渚人

我们把创造良渚文化的良渚先民叫做"良渚人"，他们是良渚文化的主角。那么，良渚人属于什么部族，是土著的还是迁入的？在历史上又有怎样的记载呢？

传说中大致与良渚文化时期在时间与空间上吻合的部族有蚩尤、防风氏、

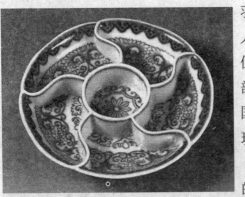

羽民国等部族，因此，学术界主张良渚人属于上述任何一个部族的观点都有。但是良渚人究竟是古史传说中的哪一支部族或方国，到底可不可以与某一方国、部落或部落联盟对上号、挂上钩？现在还不太明确。

在良渚文化玉器上有一个非常神秘的图案不断地重复出现，这个图案的形态特别像一尊英武的战神，不由得使人联想到好战的蚩尤。

古史传说中的蚩尤是中国东南方的蛮夷，他英勇好战，为了扩大势力范围，不断与其他的部族发生争夺地盘的战争，屡战屡胜，被尊为战神。但是当他与中原的黄帝部族开战时，终于被更为强大的黄帝部族打败，成为一位失败的英雄。这一则传说与良渚文化的族属、地望和传说极其吻合：良渚文化中石钺非常发达，表明良渚人也好勇强悍；蚩尤作战节节胜利之时，也正是良渚文化非常发达之时；而蚩尤最终被黄帝打败的时候，又正是良渚文化衰败的时候。传说中蚩尤与其他的几个部落联盟同属东夷集团，居于山东和长江三角洲一带，而蚩尤部族中有一支首领叫九黎的大部落联盟，它的分布范围包括了良渚文化的所有地域，因此，强悍的良渚人应该就是九黎族中的一支。九黎族中有一支叫羽人或羽民的，他们信奉鸟、兽，把它们当做祖先，因而信仰、崇拜鸟、兽图腾，而良渚文化中玉器上的神秘图案下部分似乎也像鸟、兽，也是良渚人崇

拜的一种图腾。所以良渚人可能就是羽人或羽民。

这是一种比较流行的说法，推理也看似合情合理，但缺乏必要的证据。当今的学术界也没有一个明确的定论。良渚人，成了我们心中一个永远而又神秘的结。

（二）玉料源自何方

良渚先民用勤劳的双手、智慧的心灵创造了辉煌灿烂的玉文化，把良渚文化引向了文明时代，并在中国传统文化中大放光彩。良渚文化出土的玉器种类和数量非常多，说明良渚时期玉石的用量很大，而这要有丰富的玉矿来供给。那么，良渚文化的玉矿究竟在哪里呢？

这个问题早就引起了大家的关注。开始考古学家曾在良渚文化范围内寻找，但经过很长一段时间都没有发现良渚时期的玉矿。有人就认为良渚玉料是从盛产玉的辽宁或新疆辗转运来的。这个观点显然很难站得住脚，想象一下，在史前社会，人口稀少，生产力低下，运载工具、交通工具简陋，良渚人如何能够从那么遥远的东北、西北，穿过无路的荒野莽林、高山大川把玉料运至东南的良渚文化圈内呢？

天上不可能掉下玉石来，所以有的专家执著地认为，在良渚文化的区域里，尤其是在良渚遗址群内的天目山余脉，一定存放着被人们遗忘了的古代玉石矿藏。文化可能消失，但是先民开采的古玉石矿藏却应该是永远存在的。

1982年，在江苏省溧阳小梅岭发现了透闪石软玉矿藏，经取样鉴定，此矿藏的软玉硬度在5.5-6度之间，玉石的质地细腻，色泽呈白色和青绿色，透明度较好，呈蜡状光泽，与良渚文化玉器所用玉料相似。这一发现震动了考古学术界，专家们普遍认为：良渚文化的玉料来源可以确定是就地取材，而非从远地转运，有关玉料来源这一重要问题似乎已得到初步解决。

良渚文化的玉器

但这并不等于就没有了疑问。位于浙江余杭境内的良渚文化中心遗址——良渚遗址群内出土的玉器是其他遗址出土玉器数量的总和，其所需的玉料也应是良渚文化圈内用量最多的，这些大量的玉料都是从江苏小梅岭运来的吗？在良渚遗址群内至今没有发现矿藏的同时，不少专家仍坚信很可能是"就近取材，原料来自附近地区已被遗忘的古矿床"。这一推测符合现代人的思维，普遍为人所接受和期待。但这一切都得等将来的考古发掘来推断，在没有确切的证据之前，永远没有揭开的谜。

（三）制玉工具之谜

见过良渚玉器上"神徽"像的人，都会惊叹于良渚玉工的雕琢技艺。两手叉腰的神人骑坐在神兽之上的"神徽"，高不足3厘米，宽不及4厘米，神人的羽冠及手、胸和神兽的头部与前肢都刻画得十分生动逼真，线条纤细如发丝，通过放大镜，甚至能看到在1毫米宽度内竟刻着四五条细线，堪称史前微雕杰作，令观者拍案叫绝。人们不禁又要问，在没有金属工具的良渚时代，硬度达6-6.5度的玉器是如何雕刻的呢？

这是任何一个稍加留心的人都会提到的问题，学术界争论至今，有人说除了传统的细石器外别无它物能刻画出那么繁缛的图案；有人则认为良渚文化玉器纹饰是用鲨鱼牙刻画出来的，良渚墓葬中亦曾有鲨鱼牙的出土；中国地质科学院地质研究所研究的结果表明良渚玉器大部分呈鸡骨白和象牙白，是采用焚烧加热的办法，使玉器表面硬度降低后再进行加工的。

上述种种说法却遭到一些学者的否认，他们认为，细石器虽然有的硬度很高，可以超过良渚玉的硬度，但用来雕刻玉器时会立即钝化，不适合作精细加工工具。而鲨鱼的牙齿，硬度在5-6度之间，不能用于刻画6-6.5度的良渚玉器。至于先加热玉器降低硬度再雕刻的方法似乎很有道理，但是从出土的良渚文化玉器上的纹饰来看，其加工工具是非常坚硬的，线条匀称流畅，迸裂分叉的现象极少见到，且表面非常光亮；而对加热软化后的玉器却不再需要那么硬的加工工具，线条之间容易进裂分叉，而且埋入土中至四五千年后的今天，不仅表面会失去光泽，而且会变成粉末。

也有日本学者认为在良渚玉器上的刻画纹饰的刻刀是钻石。钻石的硬度足以用来雕刻玉器，可是目前我们还不清楚史前的先民是否已对钻石有所认识，同时太湖流域也不见有发现钻石的报道，况且钻石又是用什么工具或方法制成的呢？这一雕刻工具的论战陷入了僵局。

良渚先民们是用什么工具来创造神话的，我们知道的真的很少很少，更多的还是一个字：谜。

（四）幻影迷踪话良渚

良渚文化是一支在当时可称为相当发达的古文化，但经历了一千三百多年后，却像一颗绚丽多彩的流星，在令人目眩神迷了一阵后突然神秘地"失踪"了，给世人留下一个千古之谜。为此，人们多方收集资料和证据，希望能解开这个千古之谜。

1. 海浪摧打

从古地理环境的角度来说，大约在公元前3000年前后，全球性气候变迁。良渚文化晚期，气候变暖，气温升高，冰川融化，海平面上升，太湖平原除了少数高地和丘陵外，全部陷入汪洋之中，造成了一次大规模的海侵。这次海侵对良渚文化来说是毁灭性的，经历了千余年发展起来的良渚文化毁于一旦。大部分的部落被洪水淹没，设施被摧毁，良渚先民赖以生存的农耕之地更是常年淹没在水中，良渚人就这样没有了家园。没有了生存之地，有的就迁移了，也有部分先民因此而死亡，辉煌一时的良渚文化也就这样被海侵摧毁了。所以今天我们在良渚文化遗址之上还普遍发现有水灾痕迹——淤泥、泥炭和沼泽层。可能一些良渚文化遗址，还被深深地埋在太湖底下。

2. 洪涝灾害

另外一种说法是良渚文化晚期，太湖

地区气候由寒冷变得温暖湿润，平均温度比现在高 2℃，年降水量为 200-300 毫米，雨量明显增多，加之当时的海平面高出以前 2 米左右，留于内陆的水宣泄不畅，势必会造成很大的水患。因此山洪暴发、江河水涨、洪水泛滥、陆地被淹，黄河、长江的下游，尤其是长江三角洲之地，一片汪洋，人们只能向高处躲避或逃奔外地。原有发达的良渚文化顷刻间被摧毁，而其农耕地更是常年被淹没，再也无法以农业为生了。特大洪水灾难延续了若干年，良渚人已无法生存，残存的人们在相当长的时间之内，只能勉强维持生活。于是他们只有背井离乡，大规模地举族迁徙，辗转漂流去寻求、创造第二家园。因此，良渚文化在太湖地区突然消失，出现了数百年的空缺。这一切都是洪涝灾害引起的。

3. 战争衰竭

还有一种说法是良渚社会时期，在黄河、长江流域，类似的部落方国为数不少。随着各古国政治的加强，拥有王权、军权、神权于一体的统治者，对内实行着血腥的统治，对外为了聚敛更多的财富，扩大地盘和人口，同周邻部落、古国之间进行着激烈的掠夺性战争。良渚部族本来在当时就是最发达、最强悍的一支，但是由于贵族首领的日渐奢靡，普遍追求享乐的生活方式，非生产性的劳动支出占有相当大的社会比重，社会基层越来越不堪重负，经济基础与上层建筑越来越不相适应，导致社会矛盾冲突激烈，内讧和各立山头的局面产生，危机四伏。整个社会越来越缺乏控制力，国力日益削弱，因而在频繁的战争中也就逐渐失去了取胜的优势，抵挡不了外敌的入侵。内忧外患最终导致良渚文化走向了消亡。

4. 自我灭亡

从历史学研究的角度来讲，有学者认为良渚文化的灭亡是由其社会内部发展规律造成的。良渚文化圈的组合，是由各部落掌握权力的首领结盟维系的，而不是经由同化而凝聚的文化体系。这样的体系，比较复杂且不坚实稳定。一旦结合的因素消失，随时可以分解。如果社会上层滥用权力，狂妄地提高自己

中国古代遗址

的地位，浪费社会体系共同的资料，则原来设立的社会机制，即由正面功能转变为负面负担，过重的负担，最终会击垮原有的复杂的社会体系。所以良渚社会体系的危机，可能在其文化最为鼎盛之时出现，在大量劳力投入浩大工程、建筑宫殿、陵墓与宗教中心，在精工巧匠耗尽心力，取得贵重玉材，制作精美玉器时，良渚社会上层领导功能就消失了。这个庞大的权力机制便崩解消失了。

对良渚文化的消失原因，前边介绍的论点均有一定道理。但一个辉煌的古文明，不会突然全部消灭，而是由盛转衰，有一个渐变过程。良渚文化即使衰败也不会大面积同时消灭，定会有先有后。所以单凭上面任何一个方面也不能说明其消失的根本原因。综合起来看，我们可以这样认为：良渚文化社会内部腐败无能、缺乏活力、缺乏抵御能力，遇到大洪水冲击，使根基不稳的良渚王国，一蹶不振，直至消亡。

但良渚文明的消失究竟是水灾灭顶还是奢侈而亡？或者是战争摧毁，还是另有原因？人们对这个创造奇迹的时代充满感叹和好奇，更是充满对真相大白的期待。

（五）后良渚大猜想

从后来层出不穷的考古发现来看，分布在山东的龙山文化带有良渚风格。另外，南方闽粤一带也发现了或多或少类似的遗迹。而在良渚故地，又产生了马桥文化。因此，人们对后良渚时代作了大胆的猜想：

灾难延续了若干年后，良渚人已无法生存，残存的人们在相当长的时间之内，只能勉强维持生活。于是他们只有背井离乡，被迫大规模地举族迁徙，南下的一支到达粤北（今广东省北部）后融入了石峡文化，而其主体则渡江北上到达了中原，与中原的龙山文化先民发生了一场争夺生存空间的生死搏斗。良渚人部族虽然是一个强悍的部族，可是到达中原后，受到当地部落的强烈反对，在这种情况下不可避免地发生了战争。然而良渚人由于人力、物力、财力等因素，最终在中原部族的联合抵御下被打

良渚文化的玉器

195

败了，未能在中原取得一块立足之地重建本族的文化，最后不得不被胜利者吸收、同化和融合，因此才会有如此多良渚文化因素出现在龙山文化之中。

受到重创的良渚人，除了大部分迁移外，还有部分残存。几百年后气候转凉，积水消退，另外一支部族马桥文化的人们逐渐来此定居。他们的生活也似乎过得一年比一年好，气温在不知不觉中降低，气候的凉爽与干燥使河水也逐渐向下退去，原先被淹没在水中的土地露了出来、沼泽也明显减少。马桥文化的人们从残存的良渚人那里吸收了良渚文化的成分并想将其发扬光大，但是受到了其他文化的入侵，又先后兼容并蓄地吸收了其他的外来文化，使得良渚文化最终没有在马桥文化的人们手上得到充分发展，因而马桥时期陶器制作欠精，造型比较简朴。玉器不仅品种少，而且质量差、雕制粗劣简陋，社会生产力水平远远不及良渚文化。

这是关于良渚文化在太湖地区突然消失的看似合理的推断。究竟良渚文化的归宿如何，现在还没有充分的证据回答，这一切都只有等待今后考古的新发现与学术研究的新进展了。